Deus ouve o clamor do povo

Teologia do êxodo

COLEÇÃO BÍBLIA EM COMUNIDADE

PRIMEIRA SÉRIE – VISÃO GLOBAL DA BÍBLIA

1. Bíblia, comunicação entre Deus e o povo – Informações gerais
2. Terras bíblicas: encontro de Deus com a humanidade – Terra do povo da Bíblia
3. O povo da Bíblia narra suas origens – Formação do povo
4. As famílias se organizam em busca da sobrevivência – Período tribal
5. O alto preço da prosperidade – Monarquia unida em Israel
6. Em busca de vida, o povo muda a história – Reino de Israel
7. Entre a fé e a fraqueza – Reino de Judá
8. Deus também estava lá – Exílio na Babilônia
9. A comunidade renasce ao redor da Palavra – Período persa
10. Fé bíblica: uma chama brilha no vendaval – Período greco-helenista
11. Sabedoria na resistência – Período romano
12. O eterno entra na história – A terra de Israel no tempo de Jesus
13. A fé nasce e é vivida em comunidade – Comunidades cristãs na terra de Israel
14. Em Jesus, Deus comunica-se com o povo – Comunidades cristãs na diáspora
15. Caminhamos na história de Deus – Comunidades cristãs e sua organização

SEGUNDA SÉRIE – TEOLOGIAS BÍBLICAS

1. Deus ouve o clamor do povo (Teologia do êxodo)
2. Vós sereis o meu povo e eu serei o vosso Deus (Teologia da aliança)
3. Iniciativa de Deus e correspnsabilidade humana (Teologia da graça)
4. O Senhor está neste lugar e eu não sabia (Teologia da presença)
5. Profetas e profetisas na Bíblia (Teologia profética)
6. O Sentido oblativo da vida (Teologia sacerdotal)
7. Faça de sua casa um lugar de encontro de sábios (Teologia sapiencial)
8. Grava-me como selo sobre teu coração (Teologia bíblica feminista)
9. Teologia rabínica (em preparação)
10. Paulo, apóstolo de Jesus Cristo pela vontade de Deus (Teologia paulina)
11. Compaixão, cruz e esperança (Teologia de Marcos)
12. Lucas e Atos: uma teologia da história (Teologia lucana)
13. Ide e fazei discípulos meus todos os povos (Teologia de Mateus)
14. Teologia joanina (em preparação)
15. Eis que faço novas todas as coisas (Teologia apocalíptica)
16. As origens apócrifas do cristianismo (Teologia apócrifa)
17. Teologia da Comunicação (em preparação)
18. Minha alma tem sede de Deus (Teologia da espiritualidade bíblica)

TERCEIRA SÉRIE – BÍBLIA COMO LITERATURA

1. Bíblia e Linguagem: contribuições dos estudos literários (em preparação)
2. Introdução ao estudo das formas literárias do Primeiro Testamento
3. Introdução ao estudo das formas literárias do Segundo Testamento
4. Introdução ao estudo das Leis na Bíblia
5. Introdução à análise poética de textos bíblicos
6. Introdução à Exegese patrística na Bíblia (em preparação)
7. Método histórico-crítico (em preparação)
8. Método narrativo na Bíblia (em preparação)
9. Método retórico e outras abordagens (em preparação)

QUARTA SÉRIE – RECURSOS PEDAGÓGICOS

1. O estudo da Bíblia em dinâmicas – Aprofundamento da Visão Global da Bíblia
2. Teologias bíblicas (em preparação)
3. Bíblia como literatura (em preparação)
4. Atlas bíblico (em preparação)
5. Mapas e temas bíblicos – Cartazes (em preparação)
6. Metodologia de estudo e pesquisa (em preparação)
7. Pedagogia bíblica (em preparação)
8. Modelo de ajuda (em preparação)

Valmor da Silva

Deus ouve o clamor do povo
Teologia do êxodo

Teologias bíblicas 1

Dados Internacionais de Catalogação na Publicação (CIP)
(Câmara Brasileira do Livro, SP, Brasil)

Silva, Valmor da
  Deus ouve o clamor do povo: teologia do êxodo / Valmor da Silva
– São Paulo : Paulinas, 2004. – (Coleção bíblia em comunidade. Série
teologias bíblicas ; 1)

  Bibliografia.
  ISBN 978-85-356-1443-5

  1. Bíblia - Estudo e ensino 2. Bíblia A. T. Êxodo – Crítica e
interpretação I. Título. II. Série.

04-7763   CDD-222.1206

Índices para catálogo sistemático:
1. Êxodo : Livros históricos : Bíblia : Interpretação e crítica 222.1206

1ª edição – 2004
1ª reimpressão – 2022

Citações bíblicas: *Bíblia de Jerusalém.* São Paulo, Paulus, 1990.

Direção-geral:	*Flávia Reginatto*
Editora responsável:	*Noemi Dariva*
Copidesque:	*Mônica Elaine G. S. Costa*
Coordenação de revisão:	*Andréia Schweitzer*
Revisão:	*Marina Mendonça*
Direção de arte:	*Irma Cipriani*
Gerente de produção:	*Felício Calegaro Neto*
Capa:	*Everson de Paula*
Editoração eletrônica:	*Sandra Regina Santana*

*Nenhuma parte desta obra poderá ser reproduzida ou transmitida
por qualquer forma e/ou quaisquer meios (eletrônico ou mecânico,
incluindo fotocópia e gravação) ou arquivada em qualquer sistema ou
banco de dados sem permissão escrita da Editora. Direitos reservados.*

SAB – Serviço de Animação Bíblica
Av. Afonso Pena, 2142 – Bairro Funcionários
30130-007 – Belo Horizonte – MG
Tel.: (31) 3269-3737 – Fax: (31) 3269-3729
e-mail: sab@paulinas.com.br

Paulinas
Rua Dona Inácia Uchoa, 62
04110-020 – São Paulo – SP (Brasil)
Tel.: (11) 2125-3500
http://www.paulinas.com.br – editora@paulinas.com.br
Telemarketing e SAC: 0800-7010081
© Pia Sociedade Filhas de São Paulo – São Paulo, 2004

Apresentação

Deus ouve o clamor do povo faz parte do projeto Bíblia em Comunidade, o qual busca ampliar a formação sistemática de pessoas interessadas em aprofundar-se no estudo da Bíblia. Tal estudo inicia-se com a primeira série chamada "Visão global da Bíblia", que fornece as grandes etapas da história da salvação do povo da Bíblia: sua base histórica, geográfica e os escritos sagrados situados no contexto sociopolítico, econômico, cultural e religioso em que foram criados. Essa série coloca as estacas, os fundamentos necessários para compreendermos com maior clareza e consciência os escritos bíblicos que serão aprofundados na segunda série, "Teologias bíblicas".

O livro que você tem em mãos é o primeiro volume da série "Teologias bíblicas", a qual apresenta as diferentes visões ou intuições que o povo da Bíblia teve sobre Deus no decorrer de sua história. Não foram sempre as mesmas; evoluíram de acordo com suas experiências, circunstâncias e o contexto histórico em que viveu. Houve altos e baixos. Tudo contribuiu, tanto as experiências positivas quanto as negativas, para iluminar a trajetória do povo de Deus de ontem e de hoje, retratada nos escritos bíblicos.

A terceira série, "Palavra: forma e sentido", aborda os gêneros literários presentes na Bíblia. Estes normalmente constituem "a pedra de tropeço" para a maioria das pessoas na reta compreensão dos escritos bíblicos. Como ler e entender uma narrativa de milagre, ou uma narrativa de parábola, uma metáfora ou uma alegoria? Elas são muito freqüentes nos evangelhos e em outros escritos bíblicos. A grande contribuição dessa série é a de eliminar o risco de uma leitura fundamentalista da Bíblia.

"Recursos Pedagógicos" é a quarta série, e será muito útil para pessoas que coordenam os cursos e o estudo de aprofundamento das três séries anteriores. Essa série traz dinâmicas voltadas à formação de grupos, à integração e ao estudo dos conteúdos. Para isso, apresenta sugestões de vídeos, filmes, canções e celebrações pertinentes aos temas estudados, numa tentativa constante de aproximá-los, o quanto possível, da experiência das pessoas que fazem a caminhada. É enriquecida, ainda, com diferentes métodos de estudo da Bíblia, como o modelo de ajuda, que são ferramentas importantes e necessárias para aqueles que trabalham com a Palavra nas comunidades, sendo mais uma contribuição à missão evangelizadora da Igreja.

A presente obra, *Deus ouve o clamor do povo*, traz a experiência vivida pelo povo da Bíblia, descrita particularmente no livro do Êxodo e relida no decorrer das Escrituras. Hoje é revivida na experiência daqueles e daquelas que têm fé, que pisam o chão da experiência humana do dia-a-dia e, mesmo sem ver resultados mirabolantes, continuam acreditando no Deus da Vida que conduz a história, pois não medem esforços para fazer brotar a vida em contextos de morte. Esses e essas percebem que Deus ouve o clamor do povo e caminha a seu lado, vencendo os faraós dentro e fora de si mesmos, das comunidades e da nossa sociedade.

O autor nos introduz em sua obra com uma breve exposição do que seja teologia, na tentativa de entender a revelação de Deus; teologia bíblica como sistematização de um tema, no caso o êxodo, que perpassa toda a Bíblia, embora este tenha seu ponto alto na experiência da saída do Egito, e a exegese como interpretação dessa experiência. Ou seja, o povo se liberta da escravidão do Egito e percebe, nesse fato, que foi Deus quem o libertou, e à luz dessa experiência fundante são relidas todas as demais libertações.

Em onze capítulos, o autor apresenta a experiência de libertação vivida pelo povo no êxodo. Inicia sua abordagem com a história de José, no final do livro de Gênesis, e faz ligação com o livro do Êxodo que, em seus quinze primeiros capítulos, retrata essa experiência. Situa a experiência do êxodo no contexto histórico do século XIII a.E.C., em Canaã e no Egito. Reflete sobre a situação dos hebreus no Egito, sua organização e resistência ante o poder opressor. Evidencia a fé que animava esse povo e aponta para um Deus que ouve o clamor dos marginalizados e que multiplica seus sinais e seus prodígios até conseguir a libertação do povo. Explica narrativas de difícil compreensão, como a afirmação de que Deus endurecia o coração do faraó para não deixar o povo partir; a morte dos primogênitos egípcios; a celebração de uma Páscoa para o Senhor; e como foi possível a realização do sonho de liberdade para um grupo de escravos. A partir da segunda parte do livro do Êxodo, o autor continua apresentando a caminhada do povo pelo deserto e os acontecimentos do Sinai. Tudo isso era conservado na memória celebrativa desse povo em suas assembléias, no culto, nas orações e nos escritos. Tanto é, que o Primeiro e o Segundo Testamento fazem constantes atualizações, releituras dessa experiência fundante do êxodo. Os textos mais significativos serão trabalhados nesta obra.

O povo de Deus, de ontem e hoje, faz a experiência do êxodo. Ela é iniciada com Abraão que parte de sua terra rumo ao desconhecido (Gn 12,10); é vivida pelo grupo de Moisés no seu contexto histórico (Ex 1–15); é levada adiante por Josué, que introduz o povo na terra da promessa (Js 3,1-5); é recordada pelos profetas (Os 11,1; Jr 2,6); e vivida por Jesus. Segundo a tradição da comunidade de Mateus, Jesus refaz a trajetória do seu povo, vai para o Egito e retorna, após a morte de Herodes, o grande (Mt 2,13-18), e conversa com Moisés e Elias antes de empreender o seu êxodo para Jerusalém (Lc 9,51). A experiência do êxodo é apontada como caminho para o povo de Deus no livro do Apocalipse, em que os cristãos são perseguidos como no tempo dos hebreus no Egito, mas seguem confiantes de ser libertados um dia, como eles, de poder celebrar a vitória (Ap 7,1-17) e chegar à pátria definitiva, a Jerusalém celeste (Ap 21,9-14).

A leitura do texto é muito agradável, devido sua fluência e clareza, próprias do estilo de Valmor da Silva. Embora ele seja um catedrático, consegue unir simplicidade e profundidade em sua abordagem.

Sem dúvida, você tem em mãos um subsídio valioso para trabalhar o tema do êxodo com estudantes de teologia, comunidades e grupos interessados em aprofundá-lo.

Romi Auth, fsp
Pelo Serviço de Animação Bíblica

Introdução

Em quinze passos, a coleção Bíblia em Comunidade apresenta, na primeira série, uma "Visão global da Bíblia". Com este fascículo, a caminhada continua, mas um novo horizonte descortina-se: o das "Teologias bíblicas". É como se a gente subisse uma montanha e, de um patamar mais elevado, tivesse uma visão de conjunto para vislumbrar novos caminhos pela vasta paisagem.

Mas o que é Teologia bíblica?

Teologia é estudo sobre Deus. Bíblica tem a ver com a Bíblia. Teologia bíblica une os dois conceitos e resulta no estudo de Deus na Bíblia. Mas vamos por partes.

O que é teologia?

Pois bem, teologia é palavra, discurso, dito, revelação, estudo (*logia*) sobre Deus, divindade, transcendência (*theos*). Em última análise, é o esforço para entender a revelação de Deus. Objetivamente, seria a explicação da divindade. Mas como Deus, em sua essência, é impossível de ser compreendido pelo ser humano — pois somos seres limitados, finitos, contingentes —, torna-se capaz, de modo subjetivo, de ser percebido por meio das experiências de fé que as pessoas vivem. Assim sendo, teologia pode ser o estudo de um fato ou assunto com base na visão de Deus ou do transcendente. É possível, nesse caso, fazer uma teologia da infância, da cidade, da política etc.

E teologia bíblica?

É a sistematização de um tema que percorre toda a Bíblia. Por ser a Bíblia um livro, apresenta-se como texto. Visto que texto significa tecido, ele permite destacar um fio e estudá-lo ao longo de todo o contexto. Tem-se, então, um tema de teologia bíblica. Dessa forma, pode-se seguir, ao longo da Bíblia, um fio condutor como a aliança, a presença, a sabedoria e tantos outros. Pode-se também analisar a teologia de um bloco literário, como a teologia do Pentateuco, dos Profetas, dos evangelhos e assim por diante. Pode-se, enfim, estudar a teologia de um livro ou de um autor, como teologia de Deuteronômio, de Marcos, de Paulo.

E o êxodo?

Em nosso caso, o tema é "Teologia do êxodo". Significa que vamos pegar o êxodo como fio condutor que percorre toda a Bíblia. Será visto, então, como acontecimento, como livro e como temática. Como acontecimento, investigaremos o grupo de hebreus que saiu do Egito e atravessou o mar dos Juncos, em busca da terra prometida, por volta de 1225 a.E.C. Como livro, debruçaremo-nos mais sobre os quinze primeiros capítulos do livro do Êxodo (Ex 1–15). E como temática, faremos um passeio por toda a Bíblia, para ver como o êxodo está presente do início ao fim.

E a exegese?

É a interpretação de um texto, em nosso caso, da Bíblia. Exegese é, na verdade, uma explicação detalhada do texto. Distingue-se da teologia bíblica, e deveria vir antes, ou seja, todo estudo bíblico deve começar pela exegese.

E a teologia sistemática?

Deve vir depois da teologia bíblica, porque na teologia sistemática se estudam os grandes temas relativos a Deus e à vida humana. Aparecem aí as verdades divinas. Por isso, a sistemática é também chamada teologia dogmática.

10

Outro passo ainda seria a teologia pastoral, que é a aplicação prática das anteriores: exegese, teologia bíblica e teologia sistemática. E haveria, por fim, a hermenêutica, que é a interpretação, e significa o esforço em compreender o texto de acordo com nossa realidade atual. Mas voltemos ao êxodo, que será, daqui por diante, nossa tarefa.

Êxodo significa saída. Significa também passagem, libertação, fuga, mudança de uma situação para outra. De maneira simples, designa a saída de um grupo de escravos, da opressão faraônica, em direção à terra prometida. Esse modelo continua atual. Como a exploração aumentou com o passar dos séculos, o exemplo do êxodo pode nos iluminar ainda hoje. Por isso mesmo, a teologia da libertação tem no êxodo a sua principal fonte de inspiração.

O êxodo é o evento fundante de Israel. Quer dizer que o povo de Deus foi fundado sobre tal acontecimento. O êxodo, para Israel, seria como o grito de independência para o Brasil, supondo que nossa independência fosse real. Mais ainda, o povo da Bíblia guardou na memória aquela passagem do mar como a ação de Deus em seu favor; e interpretou os fatos acerca da passagem como a vontade de Deus a fim de que se tornasse uma nação forte.

O êxodo permaneceu como modelo ou tipo para diversos momentos da história. É como uma forma que serve para moldar outros acontecimentos semelhantes. Ou como aquela velha piada conhecida por todos, mas cada vez contada com retoques diferentes. Significa que cada saída tem como referência aquele primeiro êxodo. A travessia do Jordão, para a entrada na terra prometida (Js 3,14-17), é descrita de forma praticamente idêntica à travessia do Mar dos Juncos (Ex 14,21-22). A libertação do Egito ficou na lembrança de geração em geração, "porque seu amor é para sempre", como reza o Salmo (Sl 136).

Com o passar do tempo, aquele núcleo histórico foi sendo enriquecido com outros êxodos. Passou a fazer parte da profissão de fé da nação, como se lê no chamado credo histórico (Dt 26,5-10). Foi recordado pelos profetas (Os 11,1; 13,4) e tornou-se uma convicção nacional (2Sm 7,23). A Páscoa, principal festa de Israel, centrou-se na celebração dos acontecimentos do êxodo (Ex 12). Tornou-se motivo de esperança, na certeza de que Deus estaria sempre pronto a intervir novamente em favor do seu povo (Is 40–55). Com tudo isso, o êxodo passou a ser, mais que um acontecimento histórico, uma realidade teológica.

O livro do Êxodo concentra os principais acontecimentos relativos à libertação do Egito, mas êxodo é uma realidade que se espalha por toda a Bíblia. Como evento fundante, permanece para sempre na memória de Israel, e cresce à medida que a nação se desenvolve. Nesse caso, pode-se dizer que ele guarda uma reserva de sentido que não se esgota, mas que pode trazer sempre novos conteúdos. Em outras palavras, a libertação é um símbolo e, como tal, possui riqueza inesgotável de significados.

No êxodo, Israel percebeu a ação libertadora de Deus em favor de seu povo. O povo de Israel, por sinal, habituou-se a ler, nos acontecimentos de sua história, a própria mão de Deus agindo. Dessa forma, todos os fatos passaram a ser lidos à luz do transcendente. A partir daí, cada fato acontece porque Deus o permite.

Pode-se esquematizar da seguinte forma:

1) o povo se liberta da escravidão do Egito;

2) foi Deus quem libertou o povo daquela escravidão;

3) todas as demais libertações são lidas a partir daquele êxodo.

1
O que há por trás da história de José do Egito

A história de José do Egito está contada no final do Gênesis (Gn 37–50), com a finalidade de estabelecer a ponte entre os dois livros, o do Gênesis e o do êxodo, e de dar seqüência à narrativa para explicar a situação dos hebreus sofrendo sob a escravidão.

A história, longa e bem conduzida, enfoca José, personagem simpático e apaixonante; herói hebreu que chegou a ser primeiro-ministro do faraó do Egito. Profeta, sonhador, estrategista, homem íntegro, apresenta-se como exemplo para todas as gerações. O vigor da narrativa, a trama do enredo e a surpresa dos detalhes criam momentos que enchem os olhos de emoção.

Crítica à política agrária

Em uma leitura atenta do texto, analisando as entrelinhas e percebendo o que está por trás das palavras, revelam-se algumas surpresas. Mediante a história de José, provavelmente, o autor bíblico quis fazer uma severa crítica à política agrária dos faraós do Egito. Por quê? Porque o sistema faraônico era baseado na concentração das riquezas nas mãos do Estado. E, por outro lado, se opunha à proposta das tribos de Israel, que consistia em permitir a todas as pessoas o acesso à riqueza. Percebe-se a contradição entre o sistema tributário, defendido pela ideologia faraônica, e o sistema igualitário, apresentado pela proposta tribal. No primeiro, todos os bens pertenciam ao rei, e as pessoas estavam a sua disposição. No segundo, as famílias, clãs e tribos organizavam a produção e distribuição de todos os bens.

Pode ser que essa crítica se estenda também à época de Salomão que, de certa forma, repetiu a política agrária faraônica. Não só! Salomão se aproximou do Egito o quanto pode. Casou-se com a filha do faraó, construiu palácios e templos, criou uma corte burocrática e, sobretudo, adotou o sistema tributário. A hipótese de estudiosos é que a história de José foi escrita na época do rei Salomão, como parte da chamada tradição Javista. Daí a possibilidade de se estabelecer a comparação entre o sistema faraônico e o salomônico, e perceber as críticas a ambos.

Você pode ler pessoalmente a história de José em Gn 37–50 (exceto Gn 38 e 49, que introduzem outras tradições na seqüência narrativa) para perceber a realidade familiar, social, econômica, cultural, política e religiosa que está por trás dos textos. Quando José sonha que os feixes de seus irmãos estão se inclinando para o dele (Gn 37,5-11), não está querendo ser rei e dominá-los? E quando os irmãos planejam matá-lo, não estão dizendo que as tribos rejeitam radicalmente o sistema monárquico? A transferência de Jacó e de seus filhos para o Egito (Gn 45), talvez, representa a passagem das tribos de Israel para o sistema tributário. Que retrocesso!

Crítica ao sistema tributário

Para entender o sistema tributário basta ler Gn 47,13-26. É uma síntese da política agrária do Egito. O autor bíblico a atribui a José. Afinal, ele é o segundo homem do império. Mas Salomão repetiu o mesmo esquema. Que política era essa? Vejamos os principais passos:

- 1º passo: todo o dinheiro do povo é recolhido para as mãos do faraó (Gn 47,14);

- 2º passo: todos os rebanhos são recolhidos para o faraó (Gn 47,17);

- 3º passo: todas as terras são recolhidas para o faraó (Gn 47,20);

- 4º passo: todos os homens tornam-se escravos do faraó (Gn 47,21);

- passo intermediário: os sacerdotes ficam isentos, para assegurar a ideologia a serviço do faraó (Gn 47,22);

- passo definitivo: a população deverá trabalhar e entregar um quinto dos produtos ao faraó (Gn 47,24);

- tropeço: o povo escravizado agradece "Tu nos salvaste a vida" (Gn 47,25).

Como é possível que o povo, faminto, depois de perder dinheiro, rebanhos, terra e liberdade, possa agradecer a quem o explorou e transformar o opressor em salvador? Só pode ser armadilha! Pelas artimanhas do poder, a propaganda é capaz de iludir e vender "gato por lebre".

Contudo, o sistema é chamado, pelos atuais cientistas sociais, modo de produção asiático. Estendia-se por todo o Oriente antigo. O Estado, como dono das terras, entregava-as a quem bem entendesse, cobrando um quinto da produção. Tal sistema é diferente dos modernos modos de escravidão, em que as pessoas são propriedade de outras pessoas. Lá, o povo todo era propriedade do Estado, que podia dispor das pessoas a seu bel-prazer.

A história de José, emocionante e crítica, quer explicar por que, no início do êxodo, os hebreus encontram-se na condição de escravos do faraó do Egito. E consegue explicar muito bem!

O Egito no século XIII a.E.C

Como todos os eventos do livro do Êxodo são contextualizados no Egito, vale a pena conhecer a situação histórica desse império. Os caminhos nem sempre são claros e, às vezes, é preciso tatear por hipótese para se chegar a algum resultado.

O faraó Ramsés II

O ano era por volta de 1250 a.E.C, no contexto do grande império egípcio. O faraó que governava era o megalomaníaco Ramsés II, que permaneceu sessenta e sete anos no poder (1290-1224) e teve 79 filhos e 59 filhas! Tentou o domínio sobre toda a terra de Canaã. Transferiu a capital para o Norte do país, Tânis, antiga Avaris, a bíblica Soan.

O Egito, havia séculos, era regido por um sistema de dinastias. Isto assegurava certa estabilidade política, favorecida pela posição geográfica e pela regularidade climática. Ramsés II pertenceu à XIX dinastia, durante o período chamado Novo Império. Foi nesse período que o Egito obteve maior esplendor e que, no final, conheceu a sua derrocada.

A saída dos hebreus do Egito, supõe-se, aconteceu sob o faraó Ramsés II. Mas poderia também ter ocorrido no governo de seu sucessor, Merneptá. Um documento gravado em pedra, conhecido como "estela de Merneptá", por volta do ano 1219, menciona Israel. Quer dizer que nesse ano, em Canaã, já se conhecia um grupo chamado Israel como povo dominado. Certamente, não se trata ainda da liga das doze tribos, mas de um novo grupo social existente ao norte de Canaã.

A invasão dos hicsos e dos filisteus

A estabilidade das dinastias egípcias fora quebrada pelos hicsos, povos estrangeiros, provavelmente de origem indo-germânica, que dominaram o país e estabeleceram duas dinastias, entre 1785 e 1580. Recuperado o mando, os egípcios instituíram o Império Novo, cheio de projetos de expansão. Nessas campanhas, Canaã foi incluída ao território. Permaneceu como colônia egípcia até 1200 a.E.C. Toda a região herdou, dos hicsos, o sistema de cidades-Estados e as inovações militares, como carros de guerra e couraças.

Com a entrada do século XIII, a potência egípcia enfraqueceu-se de novo. Na grande marcha da história, esse momento coincide com a passagem do período do Bronze para o do Ferro, momento de grandes inovações para a humanidade. O período do Bronze Recente dura de 1500 a 1200 a.E.C. e o do Ferro, de 1200 a 900 a.E.C. Esse início do século XIII foi marcado, também, por enorme crise política e social em todo o cenário do Médio Oriente.

Diversos povos, vindos do mar, ocuparam o litoral sul de Canaã. Entre eles, encontravam-se os filisteus, grupo forte e armado. Os povos do mar desfizeram o poderio hitita, que se armava ao Norte, destruíram cidades como Ugarit e se lançaram sobre o Egito. Barrados no Delta do Nilo, conseguiram se fixar no litoral sul, mais tarde conhecido como Filistéia, atual Faixa de Gaza. Uma das conseqüências dessa invasão foi a quebra da dominação egípcia sobre Canaã.

O período do Ferro trouxe ainda duas grandes novidades: a cal e, naturalmente, o ferro. A cal favoreceu o revestimento de cisternas, o que permitiu armazenar água das chuvas. O ferro possibilitou a fabricação de armas e de ferramentas agrícolas, e, como conseqüência, melhorou a agricultura e aperfeiçoou o exército.

As cidades-Estados

O sistema de dominação egípcia era aquele deixado no Oriente pelos hicsos, estrangeiros, que haviam invadido o Egito cerca de quatrocentos anos antes. Nesse sistema, todo o território se dividia em pequenas cidades-Estados, independentes entre si e governadas por famílias ricas. Cada cidade possuía seu exército, um grupo de fiscais, uma administração, um chefe que se atribuía o título de rei.

O processo de urbanização, portanto, era o da época do Bronze, mas persistiu no período subseqüente. O esquema manteve-se semelhante nas várias cidades. Em geral, situavam-se sobre uma colina, cercadas por muros de todos os lados. Havia apenas uma via de acesso e um portão central, bem vigiado. Dentro dos muros construíam-se templo, palácio para o rei e palácios menores para a nobreza. Aí viviam o rei, os sacerdotes, os militares, os escribas, os artesãos, enfim, a elite burocrática. Fora dos muros, espalhada pelos campos, morava a maioria da população, que trabalhava pela sobrevivência e pagava tributos para a cidade. Era uma condição de escravidão, no sentido de que trabalhavam sobre a terra do rei e deviam pagar-lhe tributo. Resumia-se nisso, mais ou menos, o esquema de uma cidade-Estado. Cada uma das cidades tinha certa autonomia. O sistema político era chamado de tributário, porque se mantinha à custa do pagamento de tributos ou impostos.

Havia também cidades menores, sem muros de proteção, chamadas "filhas", porque dependiam de alguma cidade maior para assegurar sua defesa.

Sobre todas as cidades-Estados, o faraó do Egito procurava manter controle, a fim de assegurar certo equilíbrio político na região.

Os revoltosos hapiru

Como é fácil de imaginar, esse sistema político abria amplas brechas, vazios de poder por onde circulavam multidões marginalizadas. Era o caso de camponeses sem terra, obrigados a migrar de um chão para outro, sempre à procura de um espaço entre o deserto e a cidade. Era também o caso dos pastores, que dependiam dos poços e da escassa pastagem da estepe para saciar seus rebanhos. Na passagem do período do Bronze para o do Ferro, essa massa marginalizada aumentou. Ampliou-se, conseqüentemente, a insatisfação e se manifestaram a crise social e o espírito revolucionário.

Um novo grupo social, porém, alterou o cenário político geral. Em vários documentos são conhecidos como hapiru. Eles perturbavam a paz das cidades: atacavam, saqueavam, influenciavam outras pessoas; fugiam, depois, e refugiavam--se nas montanhas. O terreno elevado não permitia que fossem atacados. As cisternas de cal garantiam-lhes o suprimento de água. As ferramentas de ferro facilitavam a própria defesa e o cultivo da terra. Os reis de Canaã, então, escreveram ao faraó do Egito pedindo intervenção. O faraó, em apuros, respondeu que não havia solução.

Assim, os hapiru continuaram atuando. Não constituíam raça nem povo. Compunham-se de todos os desvalidos que não cabiam no sistema, não tinham o que perder e, por isso mesmo, partiam para a luta revolucionária. Estavam dispostos a tudo. Colocavam-se a serviço de quem lhes pagasse mais. Aí está, certamente, a raiz da transformação social que iria permitir o surgimento de Israel como grandeza política. Admite-se, normalmente, que o termo bíblico hebreu corresponde à palavra hapiru dos demais documentos.

Israel no Egito

Israel representava, exatamente, uma alternativa ao sistema social do Egito, que era piramidal. Acima de tudo estava o faraó, filho de Deus, todo-poderoso. Como pequenos faraós, os reis, em Canaã e nas regiões circunvizinhas, regiam cidades-Estados. Em lugar bem elevado da pirâmide havia ministros, sacerdotes, profetas, magos, escribas e outros burocratas. Também os militares ocupavam posição importante. Os artesãos mereciam destaque, pois eram os industriais, e garantiam, inclusive, a fabricação de armas. Na base de tudo, como sempre, estendia-se o povo em geral.

A religião era também usada como instrumento de dominação. Ensinava-se que havia muitos deuses, uns maiores que os outros, os quais se organizavam hierarquicamente, de tal modo que uns mandavam e outros obedeciam. As divindades também sentiam paixões e brigavam com violência. As estátuas de deuses eram enormes, ocupavam templos colossais, onde os pobres não podiam colocar os pés. O culto era complicadíssimo, monopólio dos sacerdotes, privilégio dos reis.

Onde ficava a maioria das pessoas simples? A cultura era exclusividade de uma minoria seleta. A grande maioria ficava à margem do saber. Ler e escrever, naquele tempo, nas regiões do Egito, tornava-se possível após longos anos na "escola do faraó". A escrita era extremamente complicada, como se nota ainda hoje pelos hieróglifos.

Nesse contexto, não era incomum encontrar os hebreus fazendo parte dos trabalhadores que construíram, para o faraó, as cidades de Pitom e Ramsés, não longe de Tânis, junto aos lagos amargos, no delta do Nilo.

A capital Tânis, junto à fronteira com Canaã, era um centro cosmopolita sem precedentes no mundo antigo. Aí, egípcio e cananeu deviam ser línguas faladas normalmente pelo povo, tornando-o bilíngüe.

Escavações junto a Tânis revelam, por volta do século XIII, o fenômeno de uma vasta semitização do território. Quer dizer que, ao Norte do Egito, a mistura de povos era comum, e a presença de seminômades pouco incomodava. Estrangeiros, como os hebreus, eram bem-vindos, para serem usados como mão-de-obra escrava nas obras faraônicas de Ramsés II ou de outro monarca.

Cenas de pessoas construindo muros de tijolos, no Egito, são visíveis em inúmeras ilustrações da época. Dentre essas, destacam-se traços típicos de um semita no trabalho.

A idéia de um menino semita, portanto, unindo a forte religião de seus pais e os métodos das escolas reais, como Moisés, não seria impossível.

Com a sabedoria egípcia, Moisés teria aprendido magia, curandeirismo, culto aos deuses, rituais funerários, interpretação de sonhos, noções sobre o além-túmulo, noções de escrita etc.

2
O Êxodo como evento histórico

Qual foi o núcleo histórico do movimento conhecido como êxodo? Os fatos aconteceram da forma como estão narrados na Bíblia? Como foi possível a libertação, se os impérios eram tão dominadores? Pelos meandros da história, é possível vislumbrar elementos que possibilitaram a saída dos hebreus do Egito.

O movimento conhecido como êxodo foi possível por causa de um vazio de poder sobre a região de Canaã, no século XIII a.E.C. Isso possibilitou a conquista da terra prometida e a formação do povo de Israel. Mas como? Os grandes poderios internacionais enfraqueceram-se. Pelas costas, do lado oriental, a Assíria não representava ameaça. Pelo Norte, os hititas se mantinham a distância e, pelo Sul, os egípcios estavam frágeis. Graças a tal situação, os reis de Canaã começaram a guerrear entre si. Cidades-Estados foram atacadas e muitos reinos caíram.

Sistema tribal

Um novo sistema político, então, foi criado, recuperando a união tribal. Neste, os laços de sangue e parentesco falavam mais alto. Valores familiares, como a hospitalidade e a defesa de interesses comuns, foram recuperados. A participação de todos assegurava maior igualdade entre as pessoas. Restabeleceram o culto familiar, a sabedoria popular, a memória dos próprios acontecimentos históricos. Leis foram criadas para defender o sistema igualitário, como as imortalizadas nos dez mandamentos. A base desse sistema, pode-se constatar, era a família. Diversas famílias aparentadas formavam um clã, e o agrupamento de alguns clãs constituía uma tribo. Enfim, da união de várias tribos resultou um Estado. Oposto ao anterior, naturalmente, e não mais baseado sobre o rei.

Historicamente, é provável que esse Estado resultou de diversos movimentos. Por um lado, o sistema faraônico se desestruturou e foi engolindo a própria cauda. Por outro, as populações de Canaã, antiqüíssimas, mobilizaram-se em torno das próprias tradições e ocuparam o vazio de poder. Grupos vindos de fora entraram na terra e passaram a produzir de maneira autônoma. Afinal, não havia rei cobrando tributo. De todos esses grupos, o mais famoso foi o do Egito, liderado por Moisés. Mais famoso, porque riu nas barbas do faraó ao assistir de perto à sua derrota. Os demais grupos assumiram a mesma história e comemoraram juntos como uma tradição tribal.

A passagem do mar

Como se deu, concretamente, o êxodo? É difícil descrevê-lo, uma vez que os textos bíblicos já estão muito teologizados. Num pequeno trecho, como Ex 14,15-31, é possível notar quantas suposições diferentes podem ser levantadas. O êxodo foi uma marcha popular dos filhos de Israel (v. 15). Mas não foi a divisão milagrosa das águas pela vara ou mão de Moisés levantada sobre o mar (vv. 16.21.26-27)? Pode ter sido uma perseguição violenta por parte dos exércitos egípcios (vv. 17-18.23). Ou talvez a intervenção milagrosa de um anjo de Deus (v. 19). Quem sabe uma nuvem escura, um vendaval de areia, uma noite de tempestade, ou até mesmo um incêndio (vv. 19-20.24). Há a possibilidade de ter sido um vento oriental, soprando a noite inteira, e secando as águas numa espécie de maré baixa (vv. 21.27-28). Não se descarta uma confusão do exército inimigo, um desentendimento no comando (v. 24). E se fosse o emperramento das rodas dos carros egípcios, atolados nos pântanos da região (v. 25)? Em qualquer hipótese, tudo é atribuído ao poder de Deus. E isso é teologia.

A moderna historiografia reconhece que, na origem de tudo, existe um núcleo histórico em torno das narrativas do livro do Êxodo. Do contrário, Israel não teria guardado tal memória. Ninguém gosta de conservar a lembrança de fatos vergonhosos, e muito menos um povo orgulhoso e nacionalista como Israel. Se eles recordam a escravidão do Egito, é porque ela foi real.

A narrativa atual foi enriquecida com a memória, a fé, a soma de novas experiências, enfim, com a intenção teológica. Por isso, é difícil distinguir o que é realmente história e o que é teologia. Tudo porque a narrativa bíblica não tem intenção de narrar história. Pretende, muito mais, transmitir o testemunho de fé.

Muitas experiências de libertação

A história do êxodo recolhe, provavelmente, a memória de diversos grupos históricos que contribuíram para essa saída. Mais tarde, esses grupos constituirão as chamadas tribos de Israel. Sua história é conservada em textos como a bênção de Jacó (Gn 49), a bênção de Moisés (Dt 33) e o Cântico de Débora (Jz 5). Essas poesias estão entre os escritos mais antigos da Bíblia. Portanto, situam-se bem próximas aos acontecimentos históricos. Logo, suas informações são bastante confiáveis.

Cavando fundo no poço da história, descobre-se um provável pequeno grupo, liderado por Moisés, que decidiu libertar-se do sistema faraônico e partir para a nova terra, em Canaã. A ele, outros grupos se agregaram. A experiência de libertação do Egito, porém, foi a principal referência para todos, que também se consideraram libertos. Naturalmente, cada grupo trouxe sua contribuição para a conquista da liberdade. Alguns podem ser identificados nas entrelinhas dos textos bíblicos.

O grupo de Moisés

O grupo de Moisés é o que mais se destaca porque, como dito, fugiu das garras do faraó. Fugiu? Provavelmente, como se lê em Ex 14,5. Mas a Bíblia menciona também a possibilidade de expulsão (Ex 12,30-39) e até de permissão por parte do faraó (Ex 12,31-35). As três experiências talvez tenham acontecido com diferentes grupos em processo de libertação. O grupo mosaico, em sua origem, pode ser identificado com os trabalhadores urbanos, da construção civil, em cidades como Pitom e Ramsés, mas eram também experientes na agricultura e em outros trabalhos braçais (Ex 1,11-14). Seriam semitas submetidos aos trabalhos forçados nos grandes centros urbanos do Egito. Aos poucos, tomaram consciência de sua situação, até que conseguiram fugir da opressão. Na invocação do Deus libertador, na experiência militar com cavalos e cavaleiros e na travessia do mar resume-se, talvez, a experiência desse grupo. Podemos ler isso em Ex 15,21, que pode ser o texto mais antigo a respeito da experiência do êxodo: "Cantai ao Senhor, pois de glória se vestiu; ele jogou ao mar cavalo e cavaleiro!". O Deus deles, assumido como Javé, poderia ter sido, originalmente, "Eu sou aquele que é" (Ex 3,14), ou seja, um Deus indefinível, mas ativo, que "escuta o clamor do povo" (Ex 2,24; 3,7-9).

O grupo do Sinai

Esse grupo constituiria outra experiência de êxodo vivida por povos que vieram do deserto. No grande movimento de libertação, o grupo sinaítico juntou-se ao de Moisés, e a história de ambos foi integrada numa seqüência única, como se lê nos relatos bíblicos. A memória sinaítica se concentra nas narrativas em torno do monte Sinai, também conhecido como Horeb, montanha de Deus ou simplesmente montanha. Sua localização exata é desconhecida, mas as diversas hipóteses convergem para o sul, em Seir, região de Edom (Jz 5,4-5). A formação do grupo do Sinai compõe-se de beduínos do deserto, que viviam em tendas (Dt 33,2). Ao que parece, dominavam a fundição do ferro. Sua fé estava ligada ao culto do Deus Javé, uma divindade forte, diferente dos demais deuses, tratados como ídolos. Javé era o Deus da montanha, associado à natureza. Revelava-se na fumaça, no fogo, no terremoto e em outros fenômenos (Ex 3,1-3; 19,16.18). Vale lembrar que Jetro era madianita, sacerdote, e pode ter passado ao seu genro Moisés o culto Javista. Essa divindade, no movimento de tomada da terra, foi assumida por todas as tribos, e mais tarde aceita como o Deus nacional de Israel.

O grupo abraâmico

O grupo abraâmico é assim nomeado pela sua associação com Abraão e os demais patriarcas. Na verdade, eram muitos grupos. Tinham em comum a vida seminômade, na qual vagavam pelas estepes, entre o deserto e as cidades, numa experiência de periferia (Gn 12,6-9). Vida difícil de pastores! Resistiram por séculos em busca de água e pastagens para seus rebanhos (Jz 5,16). Sobreviviam do pastoreio, sem terra para cultivar. Deslocavam suas tendas ao sabor das estações.

No verão, época de seca, buscavam os poços junto às terras cultiváveis. No inverno, período de chuvas, migravam para as estepes. Possuíam divindades familiares, tradicionais, nomeadas, na Bíblia, como o Deus de Abraão, o Deus de Isaac, o Deus de Jacó, e também assumidas como o Deus dos pais (Ex 3,6). O Deus dos pais era um Deus peregrino, que acompanhava os passos de seu povo.

O grupo hapiru

O grupo hapiru é identificado com os camponeses oprimidos e revoltados das cidades-Estados de Canaã e de outros lugares. Constituíam o resto do sistema antigo, fugitivos da planície para as montanhas, que viviam como mercenários, a serviço de quem lhes pagasse melhor. Eram movidos por forte espírito revolucionário, guerrilheiro, como se diria em termos atuais (Gn 49,19). Esse grupo, ao que parece, foi a "mola propulsora" do novo sistema familiar que se iniciou em Canaã. Traços de presença hapiru se encontram na composição das tribos de Israel (Gn 49,5-7.9.17.19.27). Diversos documentos da época registram sua atuação. E não à toa o faraó mandou matar os meninos hebreus (Ex 1,16). Vale lembrar que a primeira ação de Moisés foi matar um egípcio, o que indica seu "sangue quente".

Outros grupos

Outros grupos provavelmente realizaram a sua experiência de êxodo, conforme atestam os textos bíblicos. Não faltam escravos, como os que deixaram suas marcas na tribo de Issacar (Gn 49,14-15). Trabalhadores portuários estão retratados em tribos como Zabulon, Aser e Dã (Gn 49,13; Jz 5,17). Inclui-se a presença de caçadores, como na tribo de Benjamin (Gn 49,27).

Enfim, muitos êxodos estão na origem histórica de Israel. Vários grupos viveram a libertação. Muitas experiências animaram sua vida.[1]

---

[1] Sobre a formação de Israel e os grupos que contribuíram para isto, pode-se consultar o volume 3 da série "Visão global da Bíblia", desta mesma coleção: *O povo da Bíblia narra suas origens.*

3
Situação dos Hebreus no Egito

Eis os nomes

Ao iniciar a leitura do livro do Êxodo, deparamo-nos com um quadro que ilustra a presença ampla e próspera dos hebreus, abrangendo todo o Egito. A apresentação retrata a descendência de Jacó (Ex 1,1-7). Trata-se, na verdade, de um resumo de Gn 46,8-27. Predomina, no texto, a tradição Sacerdotal. Essa tradição, surgida posteriormente, talvez na época do exílio babilônico, justifica a presença dos hebreus oprimidos e conclui-se com a realidade dos povos semitas espalhados por todo o território.

O capítulo 1,1-7 do Êxodo foi colocado, de fato, como uma espécie de ponte para ligar o final do livro do Gênesis e o início do livro do Êxodo. Estabelece, dessa forma, a continuação da história patriarcal, e mostra, em grande parte, a realização das promessas divinas na multiplicação do povo pelo território. No último versículo há insistência nos verbos que indicam ação: "Os filhos de Israel foram fecundos e se multiplicaram; tornaram-se cada vez mais numerosos e poderosos, a tal ponto que o país ficou repleto deles" (Ex 1,7).

Como chegaram ao Egito essas "setenta pessoas" (v. 5)? Por que motivo "entraram no Egito"? Quantos eram realmente, "a tal ponto que o país ficou repleto deles"? São questões que não interessam ao texto. Ele quer mostrar a força desse povo, que vai iniciar uma nova história.

Na Bíblia hebraica, o livro do Êxodo se chama "Eis os nomes", por serem essas suas palavras iniciais, ou simplesmente "Nomes", pois se inicia pela apresentação dos nomes dos filhos de Jacó.

E tornavam-lhes amarga a vida

A seqüência do relato (Ex 1,8-14) apresenta outro quadro, com cores bastante carregadas, para mostrar a opressão dos hebreus no Egito. Esse quadro pode ser completado com outro, mais adiante (Ex 5,6-14). O retoque final deve ser da mão Javista. Com olhos mais atuais, podemos identificar os mecanismos de opressão aí retratados.

A mudança brusca de regime acontece pelo surgimento, no Egito, de "um novo rei, que não conhecia José" (Ex 1,8). Esse novo rei é, provavelmente, Ramsés II, mas não há nenhum traço, no texto bíblico, de sua identidade. Sua fama de opressor parece coincidir com a realidade histórica, mas os detalhes descritivos, nesse aspecto, acentuam a crueldade, talvez além do que seria aceitável no Egito.

A reação ante a ameaça de perder o poder logo se manifestou diante da constatação de que "o povo dos filhos de Israel tornou-se mais numeroso e mais poderoso" (Ex 1,9). Sentia-se no ar um cheiro de atuação hapiru. A estabilidade do império estava ameaçada. Foi percebida como uma revolta de escravos? Incluiria um levante dos reis de Canaã? Em qualquer hipótese, medidas deviam ser tomadas.

A sabedoria egípcia foi então acionada por ordem do faraó ao convocar a corte: "Vinde, tomemos sábias medidas" (Ex 1,10). A proverbial tradição sapiencial egípcia seria ineficaz diante do método popular de aumento dos filhos. Escorre, no texto, um fio de ironia, pois "quanto mais os oprimiam, tanto mais se multiplicavam e cresciam" (1,12). Com a crítica às sábias medidas do faraó, o Javista poderia estar criticando também a nova sabedoria da corte salomônica, na época em que ele escreve. O faraó e Salomão usaram, um e outro, a mesma sabedoria estatal para convocar o povo aos trabalhos forçados, e tolheram, ambos, as atividades do povo livre.

A suspeita de guerra justificaria o ataque preventivo para evitar o perigo de que esse povo "combaterá contra nós" (1,10). Tornou-se manifesto o temor do potencial revolucionário dos hebreus. Diante disso, o esquema para mantê-los sob controle foi acionado, que consistia na organização de capatazes para se impor sobre eles. Constituiu, assim, uma medida de controle e coerção (1,11). Não é estranha ao conhecimento histórico a disciplina organizacional do Egito. Os inspetores de obras asseguravam a hierarquia piramidal, apelando impiedosamente para o uso do chicote.

A exigência de trabalhos tornava difícil a vida deles (1,11) e provocava uma situação humilhante. Apesar das muitas discussões sobre quais seriam esses trabalhos, parece claro que se tratava de um recrutamento forçado, o qual lhes tolhia a liberdade, como se constata logo adiante (1,13-14).

A construção das cidades-armazéns de Pitom e de Ramsés (1,11) remete para o sistema administrativo centralizador, conhecido como modo de produção asiático. Os estados tributários controlavam tais depósitos, onde armazenavam a colheita do povo, para manter o controle sobre todos. A nobreza, por seu turno, vivia tranqüilamente desses tributos recolhidos da população. A propósito, pode-se relembrar a história de José (Gn 47,13-26).

A inquietação dos egípcios, por causa do crescimento dos hebreus, provocou um clima de agitação, numa espécie de círculo vicioso: "quanto mais os oprimiam, tanto mais se multiplicavam e cresciam" (1,12); e quanto mais se multiplicavam e cresciam, mais eram oprimidos. A opressão se justificava pelo medo da ameaça ao poder, ante a multiplicação e o crescimento dos filhos de Israel.

A obrigação de trabalhar tornava amarga a vida (1,13-14). Os hebreus estavam sujeitos a "toda espécie de trabalhos aos quais os obrigavam" (1,14), mas, ao que parece, concentrava-se na construção civil. A fabricação de tijolos de argila envolvia coleta de palha, no campo, para uma mistura amassada de palha com barro. Em tal contexto se compreende a ordem de não se fornecer mais palha a eles, no texto que completa esse quadro de opressão (Ex 5,6-14). Nesse novo texto se acrescentam, como mecanismos de opressão, a exigência de mais produção com menos condições de trabalho, a acusação de que eram preguiçosos e a calúnia de que eram mentirosos.

Uma revolta de mulheres

O mecanismo extremo de opressão, finalmente, era a redução drástica da população. Pior que um mecanismo, tratava-se de um plano macabro de extermínio. Sem meias medidas, o faraó ordenou a matança dos meninos (Ex 1,15-22). A ordem representa um projeto de morte exacerbado e marca o início da luta entre dois projetos: o faraônico, de morte, e o divino, de vida. O confronto entre os dois vai marcar os próximos capítulos do Êxodo.

Por que matar meninos?

A dupla ordem do faraó, primeiro às parteiras (1,16) e depois a todo o povo (1,22), visava ao extermínio dos meninos, ou seja, de crianças somente do sexo masculino. Tal atitude discriminatória se deve ao pensamento comum, ao longo da história, de que a mulher não participava ativamente do processo de geração. Acreditava-se, ingenuamente, que ela era simples depositária do exclusivo poder masculino de geração. A função do óvulo, por sinal, é uma descoberta recente da medicina.

Mas o fato realça, sobretudo, a articulação das mulheres em todo o processo revolucionário da saída do Egito. Que Moisés, que nada! O êxodo é resultado da articulação de mulheres. Senão, vejamos. Começou pela insubordinação de duas parteiras, que se articularam com uma mãe astuciosa; teve a cumplicidade de uma irmã de tocaia; e, por fim, envolveu uma princesa, filha do faraó, que se utilizou da ação das servas ao apanharem o menino. Sendo assim, abrangeu desde as famílias da beira do Nilo até as damas do palácio. Ou teria sido mera coincidência aquele banho da filha do faraó?

E Moisés, o libertador? Cresceu e fugiu para Madiã. Séfora, sua mulher, foi quem o trouxe de volta para participar da missão libertadora.

Mas como se articulam essas mulheres!

A presença tão marcante de mulheres no início do Êxodo leva à conclusão de que alguns textos, como a história das parteiras (Ex 1,15-22), foram desenvolvidos por círculos femininos. Como os demais relatos, também o de Séfora e Fua é teologizado e tem sabor popular. Ou seria possível imaginar mulheres do povo, hebréias, conversando pessoalmente com o faraó? O processo redacional do texto teria o repasse Eloísta, ambientado nos meios proféticos e levíticos do reino do Norte. Daí também a forte função profética de Maria, que dançou e cantou a glória do Senhor, e de Moisés, que denunciou o poder opressor do faraó.

A insubordinação inicial das parteiras é muito elogiada nessa história. Se por um lado a Bíblia não se interessa em conservar o nome do faraó e de seus nobres, por outro, recorda muito bem o das parteiras, e lhes confere nomes com profunda simbologia. Séfora significa beleza e Fua, esplendor (Ex 1,15). Repreendidas de maneira severa pelo faraó, mesmo assim elas mentiram e ainda, ironicamente, exaltaram a vitalidade das mulheres hebréias. Mas a desobediência e a mentira, nesse caso, tinham como objetivo salvar a vida dos meninos (Ex 1,17.19). Afirma também o texto que as parteiras temeram a Deus (Ex 1,17.21). É a primeira aparição de Deus no Êxodo, para premiar, parece claro, a luta em favor da vida contra o projeto de morte do faraó. Por isso, as parteiras foram premiadas. Deus as favoreceu (Ex 1,20) e lhes deu descendência (Ex 1,21), e "o povo tornou-se muito numeroso e muito poderoso" (1,20; refrão de 1,7).

A coragem da mãe aparece no fato de ela esconder o menino e arquitetar o plano de deixá-lo exposto nos juncos, junto ao rio (Ex 2,1-3.8). Mais adiante ela é nomeada como Jocabed, nome que significa o Senhor é glória (6,20).

A irmã do menino foi cúmplice de tudo. Ela ajudou a tramar o êxodo, na qualidade de observadora e intermediadora (Ex 2,4.7). Na travessia do mar, ela animou as mulheres, liderando a dança vitoriosa (Ex 15,20). Aí é nomeada como Maria, nome de significado controvertido, mas revelador. Pode ser rebelião, amada ou estrela do mar.

A filha do faraó representa a articulação com o palácio. Nela está simbolizada também a função de educadora. A participação ativa das criadas da filha do faraó pode ir muito além do que diz o texto (Ex 2,5-6). Elas deviam estar bem articuladas com as demais mulheres, denominadas hebréias.

Posteriormente teve um papel preponderante, em toda a história do Êxodo, a esposa de Moisés, Séfora, nome que significa passarinha. Essa relação começa com um belo romance, à beira de um poço (Ex 2,16-21) e segue com o nascimento de dois filhos, Gerson, o estrangeiro (Ex 2,22), e Eliezer, ajuda de Deus (Ex 18,4). Séfora, inclusive, circuncidou seu filho. Sendo a circuncisão, tradicionalmente, papel do patriarca, rabino ou sacerdote, temos aí a função sacerdotal atribuída à esposa de Moisés. A cena representa, além disso, a investidura de Moisés como libertador do povo.

Enfim, a atuação de todas essas mulheres, cuja memória foi tão bem conservada, em torno do menino Moisés, desencadeou o movimento conhecido como êxodo. O texto não esconde a relação de cumplicidade e cooperação. Basta lê-lo.

Ser mulher na época dos faraós

Mas o que teria contribuído para uma ação tão decisiva das mulheres naquela sociedade, na transição da época do Bronze para a do Ferro, entre 1300 e 1200 a.E.C.?

O primeiro fator foi a situação social da mulher. Devido às guerras, fome e mortalidade infantil, a população havia diminuído muito. Isto obrigou a mulher a participar mais da vida social, no cultivo da terra e nas lutas camponesas. Num contexto de hostilidade, as mulheres hebréias tinham de ser "cheias de vida" (Ex 1,19). Essa vitalidade se refletia, concretamente, na geração de muitos filhos e na participação ativa em todos os setores da vida pública, quer nas lutas em defesa do clã, quer no trabalho da terra para assegurar a sobrevivência.

O segundo fator foi a situação religiosa da mulher. Se no setor social as mulheres ganhavam espaço, no religioso elas sofriam restrições. O culto ao Senhor Deus, com o passar do tempo, foi sendo monopolizado por homens, os chamados levitas. Sob a justificativa de não confundir o novo culto Javista com os antigos ritos às deusas e deuses da fertilidade, afastaram as mulheres da participação ativa nos santuários.[1]

---

[1] Sobre estes dois fatores, seguimos Gilberto Gorgulho e Ana Flora Anderson. A mulher na memória do Êxodo. In: *Estudos bíblicos* n. 16. Petrópolis, pp. 40-41, 1988.

4
Um Deus que ouve o clamor dos marginalizados

Diversas tradições, no início do Êxodo, apresentam o transcendente como um Deus que ouve o clamor dos pobres. Mas existe Deus que não ouça os pobres? Existia, sim, no antigo Egito. Lá, Deus ouvia apenas o faraó. Era ele o governante, filho da divindade, encarregado de passar os recados do povo para o "paizão". E a vontade de Deus, quem interpretava, claro, era o faraó. É possível imaginar a novidade de um Deus que ouve o clamor dos pobres? Isso representa uma inversão da pirâmide social e religiosa egípcia. Dispensa o intermediário e permite que alguém de baixo possa falar diretamente com Deus. Clamar e ser escutado.

Moisés crescera na corte do faraó, instruído na melhor sabedoria da época. Em um breve intervalo, deixou o luxo da corte e foi verificar o sofrimento de seus irmãos. Não agüentou! O sangue falou mais alto. Protestou, discutiu e matou o egípcio agressor. Como conseqüência, foi obrigado a fugir para Madiã. Um lindo romance, à beira de um poço, o conduziu aos braços da amada Séfora (Ex 2,11-22).

Um grito a três vozes

No processo de libertação do Egito, o grito dos oprimidos teve função primordial. Os textos chegam a atribuir a iniciativa do êxodo a tal grito de angústia e desespero. Afinal, foi o clamor humano que moveu a escuta divina e, conseqüentemente, desencadeou toda a ação libertadora.

A voz Sacerdotal

Muito tempo se passou. Mais um faraó fora para o "além". Tudo parecia tranqüilo, até que

> gemeram os filhos de Israel, sob o peso da servidão, e gritaram; e subiu o seu grito por socorro até Deus, do fundo da servidão. E escutou Deus os seus gemidos e se lembrou Deus de sua aliança com Abraão, Isaac e Jacó. E viu Deus os filhos de Israel, e Deus conheceu (Ex 2,23-25).

A tradução, propositalmente literal, mostra as cinco repetições do nome de Deus, Elohim. Revela de modo claro, também, o acúmulo de verbos, demonstrando as diversas ações de Deus em favor de seu povo.

Esse texto seria marcado pela mão dos sacerdotes. Escrito no contexto do exílio babilônico, quer sublinhar a presença de um Deus que se recorda de sua aliança. Transparece, no fundo do texto, o Deus que com certeza resgata e liberta em vista do clamor dos pobres. Por essa razão, o grito adquire tamanha importância. Texto semelhante, atribuído à mesma fonte Sacerdotal, é Ex 6,2-8.

A voz Javista

Outro texto, com ligeiras diferenças, afirma a mesma realidade.

> Deus disse: Eu vi, eu vi a aflição do meu povo que está no Egito. E o grito deles eu escutei por causa de seus capatazes;

pois eu conheço os seus sofrimentos. Por isso desci a fim de libertá-lo da mão dos egípcios, e para fazê-lo subir daquela terra a uma terra boa e vasta, terra que mana leite e mel, o lugar dos cananeus, dos heteus, dos amorreus, dos ferezeus, dos heveus e dos jebuseus (Ex 3,7-8).

Este texto teria sido de tradição Javista. A opressão egípcia, nesse caso, é trazida à memória para permitir uma crítica à época de Salomão. O nome de Deus é Javé, e a insistência está no fato de que Ele vê, escuta, conhece a aflição e desce para libertar os escravos. A promessa da terra completa o quadro sonhado.

A voz Eloísta

No texto seguinte, sobre a escuta do clamor, Deus declarou:

e agora o grito dos filhos de Israel chegou até mim, e também vejo a opressão com que os egípcios os estão oprimindo. E agora vai, pois, eu te envio ao faraó, para fazer sair do Egito o meu povo, os filhos de Israel (Ex 3,9-10).

Teríamos aí o resultado da tradição Eloísta. Sua insistência está na missão dada a Moisés de tirar do Egito o povo de Deus, chamado "meu povo". Constata-se ainda uma relação evidente entre o texto e as narrativas de vocação profética.

Um líder tenta fugir

A vocação de Moisés ocupa amplo espaço nas narrativas do Êxodo. Está claro que Deus o convocou e enviou. Mas o vocacionado não aceitou com facilidade essa dura missão. Tentou diversas desculpas para safar-se. É o esquema que se repete com as várias pessoas vocacionadas, na Bíblia e nas comunidades. Assim foi com Gedeão (Jz 6,11-17), Jeremias (Jr 1,4-10), Isaías (Is 6,1-13) e com muitos outros.

A sarça ardente

O chamado de Moisés aconteceu no contexto da sarça ardente, isto é, "a sarça ardia no fogo, e a sarça não se consumia" (Ex 3,2). Como interpretar esse fenômeno? Alguém parte do estudo da planta, citada também em Dt 33,16. Outra pessoa identifica a sarça com a acácia. Há quem afirme tratar-se de ilusão de óptica, provocada por flores de cores vivas. E não falta quem diga que a sarça era o próprio coração de Moisés, que sentia um ardume forte, mas não acendia para valer. Sábia explicação! Qual é a verdadeira? Quem sabe!? O texto provavelmente quer sublinhar a revelação de Deus a Moisés.

As objeções de Moisés

Aconteceram quando Deus tomou a iniciativa e se apresentou, e depois convidou Moisés para a missão. Moisés sentiu o chamado, mas reagiu com várias objeções. Deus desfez os problemas de Moisés e reconfirmou sua missão, assegurando a própria assistência divina ao libertador. Vejamos algumas de suas objeções e a maneira como Deus o convenceu.

1) *Primeira objeção* – fingiu humildade e disse: "Quem sou eu?" (Ex 3,11). Moisés, na verdade, tentou se diminuir. Essa tática de fazer-se pequeno, humilde, sem capacidade, às vezes funciona como meio de safar-se de um compromisso. Ora, quem como Moisés estaria preparado para a tarefa de apresentar-se ao faraó, para fazer sair do Egito o povo? Moisés, de fato, sabia com quem teria de lidar. Afinal, só ele conhecia os corredores dos palácios.

E Deus confirmou: "Eu estarei contigo", e lhe deu um sinal (Ex 3,12).

2) *Segunda objeção* – simulou falta de conhecimento e declarou: "Eles vão perguntar pelo nome de Deus, e aí, o que vou responder?" (Ex 3,13). A desculpa da falsa ignorância também pode funcionar. Consiste em dizer que não sabe, não conhece, não consegue. Ora, em anos de convivência com pastores, em Madiã, seguramente Moisés tomou conhecimento de um Deus que estava com os oprimidos e queria libertá-los.

E Deus lhe revelou o seu nome como "Sou aquele que será" e como "o Deus de vossos pais, o Deus de Abraão, o Deus de Isaac e o Deus de Jacó" (Ex 3,14-15).

3) *Terceira objeção* – arrumou o pretexto de falta de fé por parte do povo: "Eles não vão acreditar em mim!" (Ex 4,1). Também é uma boa desculpa dizer que os outros não acreditam. Na verdade, quem estava duvidando era o próprio Moisés.

E Deus lhe deu demonstrações de prodígios como o da serpente, da lepra e do rio (Ex 4,2-9).

4) *Quarta objeção* – alegou não saber falar e ser gago: "Eu não sei falar direito!" (Ex 4,10). Moisés nesse momento estava apelando. Buscou um defeito físico para justificar seu medo. É outra desculpa comum.

E Deus se declarou o próprio autor da boca (Ex 4,11-12).

5) *Quinta objeção* – reconheceu sua falta de coragem e falou: "Desculpe, mas mande quem quiser!" (Ex 4,13). Foi o último recurso. Esgotados os argumentos, Moisés tentou safar--se, propondo que Deus enviasse outro.

Mas Deus ficou irado e mandou em definitivo Moisés à missão (Ex 4,14-17).

A narrativa da vocação de Moisés, e particularmente as suas objeções, permite-nos diversas reflexões. É natural, diante de uma grande missão, a pessoa sentir-se incapaz. Assim reagem os profetas e até mesmo Maria, ao ser convidada para ser a mãe do Salvador. A tarefa de libertar o povo é grandiosa demais. Realizá-la em nome de Deus, maior ainda.

Mas tal tipo de narrativa visa também demonstrar a cooperação entre o lado divino e o humano. Deus não realiza suas ações sozinho. Ele quer a participação humana. As pessoas, por seu turno, nada conseguem apenas com as próprias forças. Então, a ação libertadora depende da iniciativa de Deus e da cooperação humana.

Tentativas para libertar o povo

Segundo o texto do Êxodo, Moisés tentou várias estratégias para tirar o povo do Egito. Constituiu um trabalho de persistência, com diversas táticas, inúmeras articulações, na tentativa de esgotar todos os recursos. Essa leitura dos fatos, por meio do texto bíblico, demonstra a necessidade de conscientizar e organizar os grupos, em vista de sua libertação total.

1) A reunião com os anciãos (Ex 3,16-20) foi uma estratégia importante. Sem discutir o momento histórico em que, efetivamente, houve uma organização de anciãos em Israel, vale aqui chamar a atenção para o apelo à sabedoria dos mais idosos. A reunião dessas pessoas sábias e experientes influencia todo o processo. Por isso, a primeira instrução de Deus a Moisés se resumia em reunir os líderes para fazer-lhes a proposta direta (3,16). Além de reuni-los e conscientizá-los, Moisés devia demovê-los a irem junto com ele ao encontro do faraó. A mesma proposta da qual estavam convencidos foi transmitida, sem meios termos, ao dono do poder (3,18). Em

todas as suas palavras, Moisés usou a autoridade de Deus. Ele tornou-se porta-voz desse Deus com o qual estava sempre em contato. E o apresentou com rosto concreto, como o Deus dos pais, que viu a opressão e que estava oferecendo uma nova terra. Essa apresentação divina despertou no povo a memória histórica. Recordou os fatos vividos na dura aflição do Egito (3,16-17). Moisés, além de tudo, deu testemunho pessoal, assegurando ter visto pessoalmente esse Deus (3,16). E, enfim, apresentou uma promessa bem concreta. Embora idealizada como a terra que mana leite e mel, tal terra estava ao alcance daquela população (3,17).

2) A solidariedade (Ex 3,21-22) não pode ser esquecida. Os dois versículos, de tradição Eloísta em meio à Javista, talvez tenham intenção teológica diferente. Mas demonstram, no contexto, a solidariedade entre as mulheres. Novamente as vizinhas se articularam para dar apoio ao projeto libertador. Significa que no meio popular, e principalmente entre as mulheres, a capacidade de articulação era bem mais desenvolvida.

3) O uso de astúcia e conhecimento (Ex 4,1-9) foi indispensável para o bom êxito da empreitada. O texto em questão suscita inúmeras dúvidas, que não cabe aqui responder. Dentre outras, fica no ar a questão sobre a natureza desses milagres de transformismo. Como é que o bastão se transformou em serpente e, depois, reverteu-se em bastão? E como a mão sã ficou leprosa e novamente voltou a ficar curada? Uma terceira possibilidade é guardada na cartola, a saber, a transformação da água do rio em sangue. Em qualquer hipótese, Moisés pôde usar sua astúcia. Na tradição egípcia, o estudo da magia e do encantamento era altamente desenvolvido. Nos meandros do palácio, nas escolas do faraó, não faltou a Moisés a possibilidade de desenvolver essa arte. Enfim, vale observar a ironia do texto, que visa convencer Moisés, não o povo.

4) A divisão de tarefas com o irmão (Ex 4,10-17) aliviou o peso e fortaleceu a missão. De fato, para Moisés chegar sozinho ao faraó não seria fácil. A companhia do irmão, mais ágil na palavra, dobraria a sua capacidade. Além disso, a descentralização do poder só aumentava os benefícios. Nessa cooperação de tarefas, cada qual atuou com suas próprias qualidades.

5) A articulação da família (Ex 4,18-31) constitui outro aspecto indispensável. O texto em tela repete diversas informações e levanta outras tantas dúvidas. Mas o que interessa a nosso propósito é o apoio decisivo do sogro Jetro, que enviou Moisés em paz (4,18). Segue-se uma nova narrativa da vocação de Moisés, dentro da qual destacamos a presença de Séfora e dos filhos, acompanhando a volta de Moisés ao Egito, com a finalidade explícita de fazer partir Israel, o filho primogênito de Deus. Segue-se a ação sacerdotal de Séfora, pela circuncisão do esposo e dos filhos, numa espécie de investidura de Moisés como libertador (4,24-26). E finalmente é efetivado o encontro dos irmãos Moisés e Aarão, para juntar-se aos anciãos e convencer o povo da possibilidade de sair daquela aflição (4,27-31).

6) O confronto com o faraó (Ex 5,1-9) foi inevitável. Moisés e Aarão enfrentaram diretamente a "cabeça" do sistema. Era inútil fazer rodeios. Chegara o momento em que se tornara preciso "pegar o animal pelos chifres". A proposta incluía a recuperação do culto popular ao Deus da libertação (5,1.8). Devolveu, ainda, à religião do povo o seu aspecto festivo (5,1).

7) O diálogo contínuo com Deus (Ex 5,22-23) tornou-se o maior segredo de Moisés. Parecia ter conexão direta, com telefone, fax e internet à disposição. Não se tratava de oração passiva ou de escuta indolente. Moisés questionava a Deus, e o fazia com veemência.

5

Um Deus realiza sinais e prodígios em favor do povo

Ocupam longo espaço nas narrativas do Êxodo os textos conhecidos como as dez pragas (Ex 7,8–13,16). Pragas? Não. São "prodígios". Na verdade, só a morte dos primogênitos é chamada, na língua original, de praga. As demais são identificadas no hebraico como "prodígios" ou "sinais".

Multiplicarei os meus sinais e os meus prodígios

O confronto entre Deus e os egípcios retarda o desfecho da história, confere muita dramaticidade à narrativa e demonstra a força de quem está com Deus. A força divina é, em última instância, o agente de todos esses prodígios na disposição atual do texto. Dito de outra forma, os autores querem demonstrar, finalmente, quem manda no mundo, o faraó ou Deus. Por mãos de Moisés e Aarão, a mesma tese se confirma, além de dar credibilidade aos dois diante do povo.

No arco geral da narrativa, há uma tensão crescente. Começa pela apresentação de Moisés e Aarão diante do faraó, com o pedido de autorização para oferecer um sacrifício ao Senhor, no caminho de três dias pelo deserto. O faraó não só rejeitou o pedido, como era de se esperar, mas endureceu o seu coração. Pior, aumentou a opressão sobre o povo. Começou, então, uma queda de braço entre o faraó e o Deus do povo. Quanto mais o faraó endurecia o seu coração, mais era atingido por pragas, e quanto mais as pragas o atingiam, mais endurecia o seu coração.

No auge dessa tensão, porém, o seu primogênito foi ferido de morte, e assim ele permitiu que o povo partisse em liberdade. A narrativa da instituição da Páscoa e dos ázimos interrompe a tragédia da morte dos primogênitos e aumenta a emoção final.

A disposição atual dos fatos é fruto de muitas redações e releituras. Especialistas que analisam o texto identificam diferentes tradições. Concluem que foi escrito em lugares e épocas bem diferentes. A simples leitura permite identificar semelhanças e diferenças.

Quadro geral

Um quadro geral pode ajudar-nos na visualização rápida das tradições com seus autores, épocas, lugares e seqüência cronológica em que aparecem no texto.

Javista (J)	Eloísta (E)	Javista/ Eloísta	Sacerdotal (P)	Sacerdotal/ Javista	J/E/P
Reino Unido Séc. X a.E.C.	Reino do Norte Séc. IX	Reino do Sul Séc. VIII	Exílio Séc. VI	Exílio – Pós-Ex. Sécs. VI-V	Exílio – Pós-Ex. Sécs. VI-V
					I. Água (sangue) Ex 7,14-25
				II. Rãs Ex 7,26–8,11	
			III. Mosquitos Ex 8,12-15		
IV. Moscas Ex 8,16-28					
V. Peste dos animais Ex 9,1-7					
			VI. Úlceras Ex 9,8-12		
		VII. Granizo Ex 9,13-35			
		VIII. Gafanhotos Ex 10,1-20			
	IX. Trevas Ex 10,21-29				X. Morte dos primogênitos Ex 11,1-10

Diferentes tradições

As narrativas de prodígios e a praga são formadas pela fusão de diferentes tradições: Javista (J), Eloísta (E) e Sacerdotal (P). Cada uma dessas tradições nasceu em períodos, contextos e de autores diferentes. A tradição Javista seria a mais antiga, datando da época da monarquia, quando Israel e Judá formavam um único reino, por volta do século X a.E.C. Localizar-se-ia, portanto, no Sul, em torno de Jerusalém. Teria iniciado sua coleção com as pragas das *Moscas* e a *Peste dos animais*. A tradição Eloísta provém do reino do Norte, por volta do século IX, quando Israel estava apartado de Judá. Inseriu na coleção a narrativa das *Trevas* que cobriram a terra. Após a queda do reino do Norte, juntaram-se no Sul ambas as tradições, Javista e Eloísta, para constituírem uma só fonte, e agregaram a narrativa do *Granizo* e dos *Gafanhotos*. Finalmente, no exílio babilônico, pelo século VI, a tradição Sacerdotal trouxe a história dos *Mosquitos* e a das *Úlceras*. Após o exílio, uniu-se a tradição Javista com a Sacerdotal, para acrescentar a história das *Rãs*, e, mais tarde, com a fusão das três tradições, surgiu a narrativa da *Água* transformada em sangue e da *Morte dos primogênitos*.

Diferentes coleções

Ao observar as diferentes coleções, pode-se identificar melhor suas características, bem como a atuação dos agentes, Moisés e Aarão, e a reação do faraó.

- *IV e V Prodígios*. As narrativas de prodígio das *Moscas* (Ex 8,16-28) e da *Peste dos animais* (Ex 9,1-7), de tradição Javista, contêm a seguinte ordem do Deus dos hebreus: "Assim fala o Senhor: Deixa o meu povo partir, para que me sirva. Se não deixares partir o meu povo, eis que enviarei moscas [...] eis que a mão do

Senhor ferirá os rebanhos" (Ex 8,16-17; 9,1-3). Em ambas as narrativas, Deus foi quem enviou Moisés ao faraó e enviou também os prodígios. Apenas os egípcios foram atingidos, enquanto os hebreus permaneceram imunes, numa clara distinção entre as duas realidades (Ex 8,18-19; 9,6). Em ambas as narrativas, o resultado foi o mesmo: "O coração do faraó, porém, obstinou-se e não deixou o povo partir" (Ex 8,28; 9,7). Aí Moisés é o ator principal, e o motivo do prodígio está em obter a liberdade para servir ao Senhor.

- *IX Prodígio.* O prodígio das *Trevas* pertence quase todo à tradição Eloísta (Ex 10,21-29) com alguns acréscimos da Javista. Sob as ordens do Senhor, "Moisés estendeu a mão para o céu, e houve trevas espessas na terra do Egito por três dias" (Ex 10,22), exceto onde moravam os hebreus. O faraó, assustado, mandou chamar Moisés e Aarão para oferecer-lhes meia concessão, isto é, as pessoas poderiam partir, mas os rebanhos não. Bem sabiam os líderes que, ceder um pouco, significa deixar-se corromper. Por isso, insistiram em tudo ou nada. "Mas o Senhor endureceu o coração do faraó, e este não quis deixá-los partir" (Ex 10,27). Novamente Moisés é o ator principal da narrativa. O motivo do prodígio não aparece. Os efeitos negativos recaíram só sobre os egípcios, e a reação do faraó foi negativa, endurecendo mais ainda o coração.

- *VII e VIII Prodígios.* Os prodígios do *Granizo* (Ex 9,13-35) e dos *Gafanhotos* (Ex 10,1-20) são resultado da fusão das tradições Javista e Eloísta. No sétimo prodígio, Deus ordenou a Moisés: "Estende a mão para o céu, e cairá chuva de pedras em toda a terra do Egito, sobre os animais e sobre toda a erva do campo, na terra do Egito" (Ex 9,22). Novamente a terra ocupada pelos hebreus foi preservada. A intenção, sempre clara, era fazer com que o faraó reconhecesse o Senhor, o seu nome e o seu poder (Ex 9,14.16). Alguns dentre os servos do faraó "temeram a palavra do Senhor" e outros "não puseram no coração as palavras do Senhor (Ex 9,20-21). O faraó chegou a ensaiar uma conversão e um reconhecimento do próprio pecado, mas era pura fachada. Fez até uma promessa de libertação, porém, assim que a chuva de granizo aliviou, voltou a dureza de seu coração.

Na narrativa sobre os *Gafanhotos* o esquema se repete. O Senhor enviou Moisés ao faraó, para que o reconhecesse como Deus e deixasse o povo partir. Moisés e Aarão ameaçaram o faraó com gafanhotos. Este concedeu a partida, mas apenas aos adultos. Eles se recusaram. "Estendeu, pois, Moisés a sua vara sobre a terra do Egito. E o Senhor mandou sobre a terra um vento oriental todo aquele dia e toda aquela noite. Quando amanheceu, o vento oriental tinha trazido os gafanhotos" (Ex 10,13). Estes devoraram toda planta verde. O faraó se arrependeu. Moisés intercedeu, e tudo voltou ao normal. O faraó voltou atrás e endureceu o coração. Moisés continua sendo o ator principal. Os efeitos negativos recaíram só sobre os egípcios.

- *III e VI Prodígios.* Os sinais e prodígios dos *Mosquitos* (Ex 8,12-15) e das *Úlceras* (Ex 9,8-12) são exclusividade da tradição Sacerdotal, do período do exílio e do pós-exílio. No prodígio dos *Mosquitos,* Deus deu ordens a Aarão por intermédio de Moisés. E "Aarão estendeu a mão com a sua vara e feriu o pó da terra, e houve mosquitos sobre os homens e sobre os animais"

(Ex 8,13). Aarão passa a ser o ator principal. Aparece o grupo dos magos, que tentou, sem sucesso, repetir o prodígio. A profissão de fé de Aarão ao faraó é notável: "Isto é o dedo de Deus". Mas é inútil! O coração do faraó continuou duro. A narrativa sobre as *Úlceras* repete basicamente o mesmo esquema da anterior. A tradição Sacerdotal frisa o confronto entre Moisés e Aarão, de um lado, e o faraó e os seus magos, de outro. Contrapõe, dessa maneira, duas sabedorias distintas. Mostra ainda a harmonia entre Deus e o seu povo, e reafirma o senhorio do Senhor sobre a história. Este último tema é característico do Segundo Isaías, da mesma época. A referência aos hebreus, contudo, não aparece.

* *II Prodígio.* A narrativa de prodígio das *Rãs* (Ex 7,26–8,11) é uma fusão da tradição Javista e Sacerdotal. O Senhor ordenou a Moisés: "Vai ter com o faraó e dize-lhe: 'Assim fala o Senhor: Deixa meu povo partir para que me sirva'" (Ex 7,26). Diante da recusa do faraó em aceitar o pedido, "Disse o Senhor a Moisés: Dize a Aarão: 'estende a tua mão com a tua vara sobre os rios, sobre os canais e lagoas, e faze subir rãs sobre a terra do Egito'. Aarão estendeu a mão sobre as águas do Egito, e subiram rãs e cobriram a terra do Egito" (Ex 8,1-2). Entram em cena os magos, aplicando suas ciências ocultas, que repetiram, com sucesso, o mesmo prodígio das rãs. O faraó mandou chamar Moisés e Aarão, e suplicou-lhes que intercedessem a Deus para que afastasse as rãs, prometendo, em troca, deixar o povo partir. Estabeleceram acordo para fazer cessar as rãs. Moisés perguntou: "Para quando?" O faraó respondeu: "Para amanhã". Moisés fechou o acordo:

"Seja conforme a tua palavra, para que saibas que não há ninguém como o Senhor, o nosso Deus" (Ex 8,6). Moisés cumpriu sua parte no acordo, e Deus fez cessar as rãs. "Faraó, ao contrário, viu que havia alívio, e seu coração ficou obstinado. E não os ouviu, como o Senhor havia dito" (Ex 8,11).

- *I e X Prodígios.* Duas narrativas são atribuídas às *tradições Javista, Eloísta e Sacerdotal.* O prodígio *das Águas* que se transformaram em sangue (Ex 7,14-25) e a *Praga da morte dos primogênitos* (Ex 11,1-10; 12,29-34). Na narrativa das *Águas* que se transformaram em sangue, Deus falou a Moisés que o coração do faraó estava obstinado e não deixou o povo partir (Ex 7,16-17). Deus mandou Moisés dizer a "Aarão que tome a vara e estenda a sua mão sobre as águas dos egípcios". Moisés e Araão fizeram como o Senhor havia ordenado e as águas se transformaram em sangue. Os magos do Egito, com suas ciências ocultas, repetiram o mesmo gesto, com sucesso. "O coração do faraó se endureceu e não os ouviu, como o Senhor havia dito" (Ex 7,22). Aarão realizou o prodígio para levar o faraó a servir e reconhecer ao Senhor. Inútil! Seu coração se endureceu.

A praga da *Morte dos primogênitos* inicia-se com o anúncio do despojamento dos egípcios, já previsto em Ex 3,22 e realizado em Ex 12,36. Em seguida, Moisés anunciou o que o Senhor dissera a respeito da morte dos primogênitos dos homens e dos animais dos egípcios. No entanto, como de costume, Deus alertou de que o "faraó não vos ouvirá, para que se multipliquem os meus prodígios na terra do Egito" (Ex 11,9). Ora, todos os prodígios anteriores, por meio de Moisés e

Aarão, não foram suficientes para convencer o faraó. Ao contrário, seu coração foi se endurecendo cada vez mais, e não permitiu a partida dos filhos de Israel. Como último golpe, "no meio da noite, o Senhor feriu todos os primogênitos na terra do Egito" (Ex 12,29). No terror daquela noite, o faraó chamou Moisés e Aarão, e disse: "Levantai-vos e saí do meio de meu povo, vós e os filhos de Israel; ide, servi ao Senhor, como tendes dito. Levai também vossos rebanhos e vosso gado, como pedistes, parti e abençoai a mim também" (Ex 12,31-32). Desesperado, finalmente, o faraó se rendeu. Essa praga não teve intermediários, foi obra do próprio Deus, segundo o texto.

6
O poder de Deus
sobre a criação

As narrativas dos prodígios ou pragas querem demonstrar as inúmeras formas do poder de Deus sobre a criação. Essa intervenção perpassa os diversos elementos da natureza, tanto água, terra, fogo e ar como seres vivos, animais e pessoas. A mão divina atua de maneiras variadas, quer manipulando sangue, rãs e mosquitos sobre água e terra, quer comandando granizo, moscas, gafanhotos e trevas sobre ar e fogo, quer ferindo com úlceras, peste e morte os animais e as pessoas. Em nenhum momento os egípcios contestavam os prodígios e seu aspecto milagroso. Ao contrário, em várias passagens há o reconhecimento do poder do Senhor, a invocação ao Deus dos hebreus e mesmo a confissão de fé explícita.

Permissão, fuga ou expulsão?

Todas as narrativas dos prodígios ou pragas têm a função de forçar a saída dos hebreus do Egito. Mas há três diferentes versões sobre essa libertação de escravos. Conforme a primeira versão, o faraó permitiu a saída de maneira tranqüila. É o êxodo-permissão (Ex 13,17). As nove primeiras narrativas de prodígios referem-se a essa possibilidade. Já a segunda visão, contrária à primeira, é a do êxodo-fuga (Ex 14,5) e se refere ao grupo de Moisés. Há finalmente a terceira visão, a do êxodo--expulsão (Ex 12,30-39). A esta se refere a praga da Morte dos primogênitos (Ex 12,31-33; 5,21 e 6,1). Na redação final do texto bíblico, todas as versões são atribuídas na atualidade ao grupo de Moisés. Lendo mais em profundidade, percebe-se que são inconciliáveis. Tanto o êxodo-permissão quanto o êxodo--expulsão referem-se, provavelmente, a outros grupos que não o de Moisés. O êxodo-expulsão poderá ter acontecido antes do êxodo-fuga. A tradição referente ao grupo de Moisés passou a ser considerada a mais importante. A esse mesmo grupo foram atribuídas, de modo impróprio, as lembranças do êxodo--permissão e do êxodo-expulsão. Isso mostra como os relatos possuem mais intenção teológica que histórica. Além do que, são textos populares. Seria difícil imaginar que o representante de um grupo de trabalhadores braçais revoltados tivesse acesso direto e freqüente ao faraó, autoridade máxima do Egito

Fenômenos naturais ou sobrenaturais?

As narrativas dos prodígios ou pragas são relacionadas a fenômenos da natureza. Diversos estudos tentam ligar cada prodígio a algum acontecimento natural, no contexto climático ou físico da região. Naturalmente, Deus não age como fantasma, sem auxílio das obras criadas. Em qualquer intervenção divina, sua mão está entrelaçada à mão humana. No caso dos prodígios do êxodo, a forte carga teológica não permite distinguir um elemento do outro. O que é natural e o que é sobrenatural? O texto acentua a intervenção divina, integrada de modo pleno com os elementos da natureza. Nessa visão teológica, qualquer tempestade, enchente ou peste era sinal da intervenção dos céus. Não havia distinção entre a causa primeira, Deus, e as causas segundas, os fenômenos naturais ou a intervenção humana.

- I Prodígio: as *Águas que se transformam em sangue* têm como base as enchentes do Nilo, com águas avermelhadas. Com efeito, quando chove forte nas nascentes do rio, entre os meses de julho e agosto, as águas sobem e, como conseqüência, assumem cor de sangue. Várias razões contribuem para esse fenômeno. A terra vermelha, solapada pela corrente, muda a coloração da água. Ou ainda, o lodo que se espalha pelas margens cria microorganismos os quais, presentes na água, absorvem o oxigênio e adquirem a mesma cor sangüínea. E, finalmente, a morte dos peixes, em grande número, poderia também ensangüentar as águas (Ex 7,14-25; Sl 105,29).

- II Prodígio: as *Rãs* ou sapos que infestam o território se explicariam como fenômeno ligado às enchentes. Rãs, sapos e outros batráquios proliferam nas águas paradas, lamentas e malcheirosas, após a baixa das águas (Ex 7,26–8,11; Sl 78,45b; 105,30).

- III e IV Prodígios: os *Mosquitos* e as *Moscas* são duas versões de um mesmo fenômeno natural. Teriam também sua vertente na mesma baixa do rio. Explicando melhor, após as cheias, com o refluxo do rio Nilo, por volta dos meses de dezembro e janeiro, as poças d´água e os dejetos encalhados favorecem a proliferação de moscas, infestando campos e casas, animais e pessoas (Ex 8,16-20; Sl 78,45).

- V Prodígio: a *Peste de animais* era fenômeno igualmente raro, mas não irreal, no Egito. Há inúmeras referências bíblicas a respeito da peste de animais. A medicina veterinária da época, evidentemente, não atingia os avanços posteriores para explicar o fato (Ex 9,1-7; Sl 78,48).

- VI Prodígio: as *Úlceras* são explicadas, por alguns estudos, como conseqüência das picadas dos insetos, nascidos dos montões de rãs contaminadas. Mas nada impede que se trate de qualquer inflamação cutânea ou doença de pele (Ex 9,8-12).

- VII Prodígio: o *Granizo* e a geada eram igualmente nefastos às plantações. Tais fenômenos são raros no Egito, porém, quando acontecem no inverno, prejudicam o linho, a cevada e os vinhedos (Ex 9,18-26; Sl 78,47; 105,32-33).

- VIII Prodígio: os *Gafanhotos* ou larvas de gafanhotos constituíam um flagelo comum. Ainda hoje, castigam a agricultura do Oriente. Eram trazidos, em grande quantidade, pelo vento do deserto da Arábia. Bandos numerosos atacam as plantações e as devastam em pouco tempo (Ex 10,1-20; Sl 78,46; Jl 1,2-11).

- IX Prodígio: as *Trevas* poderiam ter sua explicação nas grandes tempestades de vento, ocorridas no período de verão, no Egito. Nuvens de areia, varridas do deserto, obscurecem a luz do sol e provocam um calor insuportável. Pode-se lembrar que a imagem das trevas é freqüente na Bíblia e, em geral, se refere a situações de desgraça (Ex 10,21-29; Sl 105,28).

- X Praga: a *Morte dos primogênitos*, que ocupa maior espaço nas narrativas, constitui o vértice dos acontecimentos. Essa praga representava uma espécie de "matança sagrada" que Deus realizava em favor de seus escolhidos, contra os opressores. Poderia ter relação com os arcaicos sacrifícios humanos, proibidos na Bíblia, mas bem conhecidos, nela e nos documentos arqueológicos. Os primogênitos israelitas, em contraste, são conhecidos como primícias de Deus, sua propriedade, e devem ser resgatados para ser devolvidos às famílias (Ex 11,1-10).

A opção preferencial de Deus

Deus fez uma opção preferencial pelos hebreus. Essa realidade é clara e incontestável nas três tradições sobre as pragas. É mais saliente na tradição Sacerdotal, da época do exílio, momento de crise para a fé do povo, e, por isso, era mais necessário frisar a força do Deus de Israel contra os outros deuses. A opção de Deus, de acordo com a lógica mais elementar, era para favorecer o lado mais fraco. Não é de estranhar, portanto, sua predileção por quem sofre mais. Nesse sentido, Deus faz distinção de pessoas e não deixa de manifestar sua preferência. Tal realidade, presente em toda a Bíblia, é ilustrada com mais ênfase na vida de Jesus, em passagens como a do pastor que deixa 99 ovelhas no redil para ir atrás de uma extraviada. Mas é igualmente frisada na teologia atual, principalmente da Libertação, e na opção do episcopado latino-americano, ao declarar sua evangélica opção preferencial pelos pobres.

Deus endurecia o coração do faraó

Ao longo do texto, várias vezes se afirma que "Deus endurecia o coração do faraó". A afirmação suscita várias questões. Se a finalidade era dobrar o coração do faraó, em vista da libertação do povo, porque seu coração endurecia cada vez mais? E, afinal, era Deus quem endurecia o coração do monarca, ou sua própria obstinação impedia de se dobrar à evidência dos fatos? Deus, sendo Deus, tanto podia acelerar a saída do seu povo quanto ter amolecido logo o coração do faraó. Ainda mais, se considerarmos que a vontade divina, absoluta, é que seus filhos e filhas vivam livres da escravidão, isentos de qualquer trabalho forçado, quer hebreus, quer egípcios, quer de qualquer nacionalidade. Então, como explicar que Deus tenha endurecido o coração do faraó? O texto de Ex 7,3, ao mesmo tempo que afirma que Deus endurecerá o coração do faraó, oferece indícios para uma resposta: "Eu, porém, endurecerei o coração do faraó, e multiplicarei no país do Egito os meus sinais e os meus prodígios" (Ex 7,3; 11,9-10). Portanto, o coração do faraó se endureceu para que Deus multiplicasse seus prodígios e, dessa forma, fosse conhecido pelo faraó e por seu povo. Em última análise, o que se pretendia era questionar os deuses egípcios, legitimadores da escravidão, enquanto o Senhor, o Deus de Israel, não aceitava a opressão do povo.

Várias vezes ainda o texto repete que o coração do faraó permanecia duro ou se endurecia (Ex 7,13.14.22; 8,15; 9,7), ou que ele endureceu o seu coração (Ex 8,11.15). Tudo muito normal, pois a responsabilidade era dele próprio. Mas, a partir do sexto prodígio, anuncia-se que "o Senhor endureceu o coração do faraó" (Ex 9,12; 10,1.20.27; 11,10; 14,4.17). O agente do endurecimento, portanto, era o próprio Deus. Em suma, parece claro que os prodígios visavam levar o faraó a reconhecer o poder do Deus dos hebreus. O endurecimento do seu coração demonstra a dificuldade em reconhecer a Deus. Isso não tolhia, de fato, o seu livre arbítrio, ou a sua liberdade em tomar decisões. Nem o isentava, por outro lado, de sua responsabilidade pessoal. Na verdade, tudo se encaminhou para um ápice, em que houve uma espécie de juízo para distinguir quem libertava e quem oprimia.

Deus não quer a salvação dos egípcios?

Deus, evidentemente, não quer inimigos aniquilados, mas sim pessoas salvas. Contudo, para que ocorresse a salvação do faraó e de seu povo era necessário que eles reconhecessem a Deus. "Saberão os egípcios que eu sou o Senhor, quando estender minha mão sobre o Egito e fizer sair do meio deles os filhos de Israel" (Ex 7,5). Conhecer, em sentido bíblico, significa experimentar. Por esse motivo, a tradição Javista se empenhou para que o faraó reconhecesse quem era o Senhor (Ex 7,17; 8,18; 9,14.29; 11,8). Isso implicava reconhecê-lo como o Deus libertador; obrigava a promover as pessoas que estavam oprimidas; e trazia como conseqüência deixar de causar aflição ao povo. Enfim, levava a reconhecer que Deus não podia compactuar com a opressão. Deus é a favor da salvação dos opressores e oprimidos, porém coloca-se claramente do lado dos oprimidos.

A distinção entre os grupos, como se nota, não está em motivos raciais, mas na fé explícita no nome do Senhor, o Deus libertador (Ex 12,38.49). De fato, não foi uma unidade étnica que deixou o Egito. Hebreus significava, naquele contexto, uma mistura bem variada, pois "subiu também com eles uma multidão misturada com ovelhas, gado e muitíssimos animais" (Ex 12,38). Na tradição Sacerdotal, a luta é apresentada entre o Senhor e os ídolos, entre a fé no libertador e a fé nos deuses alienadores, entre quem tira da opressão e quem legitima o poder opressor. A religião verdadeira é, desse modo, libertadora, e não compactua com a opressão.

Cuidado com o poder e a violência!

O confronto entre o Senhor e o faraó pode ser comparado a uma disputa de "cana-de-braço", também conhecida como "queda-de-braço" ou "quebra-de-braço". O jogo consiste em medir a força de duas pessoas que, com um dos cotovelos apoiados sobre superfície horizontal, enlaçam as mãos ou os punhos, e cada qual, aplicando força muscular, tenta fazer o adversário desdobrar o braço. Nessa disputa, se um dos participantes não oferecer resistência, o outro não precisa fazer força. Mas, à medida que um endurece o músculo do braço, o outro deverá endurecê-lo também. Daí ser possível dizer que cada qual está endurecendo o braço do outro. Do mesmo modo, entre o

Senhor e o faraó, quanto mais o Senhor manifestava sua ação libertadora, tanto mais o faraó endurecia seu coração.

Essa luta entre forças antagônicas tem inúmeras versões na realidade do povo camponês, índio, operário, negro, sem--teto, sem-terra e tantos outros. À medida que os empobrecidos passam a reivindicar seus direitos, a repressão aumenta proporcionalmente.

O poder não se converte

As narrativas revelam também que o poder não se converte. Para que o faraó permitisse a libertação dos hebreus, seria necessário que ele renunciasse ao seu poder total. Como isso é difícil! Houve sinais de mudança nas classes intermediárias. Os magos (Ex 8,15), alguns servos (Ex 9,20-21; 10,7) e até o povo egípcio (Ex 11,3) chegaram a ceder. O próprio faraó teve concessões momentâneas, mas não desistiu de sua posição de todo-poderoso. Suas atitudes de conversão foram apenas aparentes e interesseiras. Ele precisou ser derrotado definitivamente para ceder ao pedido do povo. Só deixando de ser faraó ele pode reconhecer a libertação. A leitura da história confirma o mesmo dado: o poder nunca abriu mão de suas prerrogativas, pois significaria seu desaparecimento.

A morte como último recurso

A morte, finalmente, foi o último recurso utilizado (Ex 9,15-19). Há uma convicção repetida na Bíblia de que Deus não quer a morte do pecador, mas que ele se converta e viva (Ez 33,11; Lc 15,7, entre outros). Vale, portanto, a pergunta: teria sido legítimo o recurso à morte dos primogênitos? O fato é que a preocupação deve ser sempre maior com a vida. Do ponto de vista da pedagogia divina, os nove prodígios foram tentando, progressivamente, convencer o faraó. Até o momento em que a vida de Moisés e dos hebreus passou a ser ameaçada. O faraó declarou: "Aparta-te de mim, e guarda-te de veres a minha face, pois no dia em que vires a minha face, morrerás" (Ex 10,28). O Senhor, por seu turno, também ameaçara o faraó: "Faze partir o meu filho, para que me sirva! Mas, uma vez que recusas deixá-lo partir, eis que farei perecer o teu filho primogênito" (Ex 4,23). Quando todos os recursos estavam esgotados, veio a morte.

Além de qualquer hipótese, a leitura dos textos sobre as pragas deixa um sabor amargo de violência. Predomina, em toda a narrativa, a imagem de um Deus poderoso e protetor de seu povo. Isso é compreensível no contexto de grupos marginalizados e oprimidos. Mas não se descarta o perigo de releituras teológicas sobre textos bíblicos. Em um mundo neoliberal e globalizado como o atual, cabe sempre o alerta contra os riscos de falsas teologias do poder e da violência.

7
O passado ilumina o futuro

O vigor dos símbolos

A recordação dos prodígios, pelas três tradições, ofereceu força e coragem nas várias lutas do povo. Eles foram integrados na oração do culto e nas celebrações (Sl 78,43-53; 105,27-38; 136,10). A memória desses acontecimentos entrou também nas formulações do credo de Israel (Dt 26,5-9; 6,20-23; Js 24,1-13; Ne 9,9-12). Ao longo da história, o tema volta com muita freqüência (Sb 11–18). Ele é relido de diferentes modos, mesmo com base na destruição feita pelo Senhor contra os inimigos de Israel, transposta para uma dimensão universal, em que há a destruição dos ímpios e a salvação dos justos. Será a certeza do Deus vencedor das forças da natureza, da morte, do Leviatã e do próprio nada, descrita em Gn 1. O livro do Apocalipse recorre a esses acontecimentos para falar da luta futura, para preparar a vitória do Cordeiro sobre o Dragão (Ap 8,6–9,11).

Na força dos símbolos

As narrativas, como visto, formam coleções de sete ou dez pragas. Originalmente, deviam circular dois relatos, um Javista-Eloísta, de sete pragas, e outro Sacerdotal, de dez. Dentro da simbologia dos números, o fato de serem sete ou dez adquire caráter artificial. Com efeito, sete indica a totalidade querida por Deus, como na criação, em que ele descansa no sétimo dia. O número dez, por sua vez, indica a realização plena da obra divina, refletida nas dez palavras ou dez mandamentos, em que se expressa tudo o que Deus pede da humanidade.

Enquanto os nomes de várias pessoas são registrados para que os guardemos na memória, o faraó não tem nome nem rosto. Totalmente anônimo, dele só se conhece a crueldade, e esta, carregada com cores fortes.

Dentre os exageros da narrativa, situa-se o número de pessoas que saíram do Egito. "Cerca de seiscentos mil homens a pé" (Ex 12,37) é gente demais para aquela situação! Mas, na própria língua hebraica, o termo que designa "mil" poderia também significar "chefe" ou "cabeça". Cálculos mais recentes, com base nas condições de vida e na densidade populacional da época, derrubam essa estatística para 50 a 150 pessoas.

No espelho da realidade

As pragas do Egito, porém, possuem valor paradigmático. Quer dizer que elas valem como referência ou espelho, no qual outras situações semelhantes se refletem. Sempre que há algum conflito com o poder opressor, apela-se para a memória das pragas. E essa recordação lança luzes para as novas vivências.

Os prodígios ou pragas, finalmente, possuem uma base celebrativa. Podem ter nascido, por sinal, num contexto de culto ou de liturgia, isto é, foram revividos nos momentos em que o povo rezava em favor de sua luta. O sentido dessa oração é claramente libertário. A partir daí se compreende porque, no auge da narrativa, se insere a celebração da Páscoa. Ela se torna a festa máxima para comemorar a passagem da escravidão em direção à liberdade.[1]

---

[1] Sobre os prodígios ou pragas, seguem-se, em muitos aspectos, as reflexões de Sandro Gallazzi, A mão do Senhor contra o Egito. In *Estudos bíblicos* n. 6, Petrópolis, pp. 11-20, 1985.

É uma Páscoa para o Senhor

De maneira surpreendente, a festa da Páscoa, na seqüência narrativa, se mistura com a praga da morte dos primogênitos. O esquema é exatamente o seguinte: anúncio da morte dos primogênitos (Ex 11,1-10), orientações do Senhor sobre a celebração da Páscoa (Ex 12,1-14), instruções do Senhor sobre a festa dos Ázimos (Ex 12,15-20), prescrições de Moisés sobre a Páscoa (Ex 12,21-28), morte dos primogênitos, seguida de espoliação dos egípcios e partida de Israel (Ex 12,29-42), novas prescrições do Senhor sobre a Páscoa (Ex 12,43-51), ordem divina para consagração dos primogênitos de Israel (Ex 13,1-2), novas orientações de Moisés sobre os Ázimos (Ex 13,3-10), novas orientações de Moisés sobre a consagração dos primogênitos (Ex 13,11-16) e, por fim, descrição da partida dos hebreus (Ex 13,17-22).

Nas narrativas sobre a festa da Páscoa e a festa dos Ázimos, predomina a tradição Sacerdotal (Ex 12,1-28.43-51; 13,3-16). A Páscoa e os Ázimos eram, originalmente, duas festas distintas.

Páscoa, festa de pastores

A Páscoa surgiu como um rito religioso praticado pelos pastores. Seminômades, eles mudavam de um lugar para outro em busca de novas pastagens. A cada saída, sacrificavam um cordeiro ou uma ovelha, a fim de impedir que o mau espírito os acompanhasse. Acreditavam que no local onde o pastor havia armado a sua tenda habitava um "demônio" ciumento. Por isso, pintavam as estacas da tenda com o sangue da vítima, pois, por meio desse cerimonial, entendiam amarrar nelas o demônio.

Páscoa era, portanto, um rito da natureza e da estação. A partir do êxodo, ela é inserida em nova hermenêutica, baseada na história e na existência. O cunho pastoril, entretanto, foi conservado no texto do Êxodo e reflete uma prática do Oriente Antigo, a saber, a transmigração para novos pastos, na lua cheia da primavera, com os preparativos da viagem, vestes, bastão, comida apropriada, ervas amargas e pão cozido sobre uma chapa de pedra, e sacrifícios para pedir fecundidade do rebanho e proteção contra os perigos.

Devia ser essa a festa que os hebreus e Moisés pediam ao faraó para celebrar no deserto, no caminho de três dias (Ex 5,1-3). Com o passar do tempo, tal rito mágico dos pastores foi cedendo lugar aos fatos históricos. A Páscoa passa a ser memória histórica da ação libertadora de Deus, no êxodo (Ex 12,14). Com essa inserção da Páscoa no contexto do êxodo, há uma transformação dos símbolos que relembram a amargura da escravidão e o caminho para o novo horizonte da liberdade. Nesse momento, não são mais a natureza e a estação que determinam o movimento, mas a história das pessoas livres que se movem sob a guia de Deus. Só então o povo pode elevar a Deus o verdadeiro culto.

Em Êxodo, os elementos pastoris são lidos como fatores de libertação, num culto que celebra a vida e a história concretas. Dessa forma, o sangue do cordeiro nas estacas das tendas passa a representar a proteção contra o extermínio dos primogênitos. Os preparativos da viagem se adaptam ao aviamento apressado para a partida do Egito, com vestes que facilitem a caminhada, bastão nas mãos para proteção, comida apropriada para vários dias, ervas amargas para lembrar a dura escravidão, pão sem fermento para a longa travessia.

O Deus do êxodo é o Deus libertador. Mas é também o Deus criador, do mesmo modo que o Deus criador é o Deus libertador. O texto bíblico não distingue as diversas funções de

Deus, como criação, conservação, libertação, salvação e outras. No contexto do Livro do Êxodo, naturalmente, evidencia-se mais a sua ação libertadora. Não se pode, porém, entender Deus fora da história. Por isso, o Deus que cria é antes de tudo o Deus que liberta os escravos do Egito.

Ázimos, festa de camponeses

Os Ázimos, diferentemente da Páscoa, era uma festa agrícola que começou a ser celebrada após a fixação na terra, em Canaã, e só foi unida à festa da Páscoa depois da reforma de Josias, no reino de Judá (640-609 a.E.C). Com a união das duas festas, vinculou-se também à saída do Egito. A razão evidente foi a pressa em sair do Egito, sem o tempo suficiente para fermentar a massa. O fermento era preservado por meio de uma parte separada antes de assar a massa, guardada para a próxima remessa. Cada nova colheita era iniciada com pão sem fermento, para não contaminar a massa com o velho fermento. De fato, a festa dos Ázimos era celebrada na colheita da cevada.

Os acréscimos das diferentes tradições respondem a diferentes interesses. A tradição Deuteronomista privilegiou a celebração da Páscoa e dos Ázimos, como memorial da saída do Egito (Ex 12,24-27a; 13,3-16; Dt 16,1-8). A Javista relaciona todo o ritual da Páscoa com a saída do Egito (Ex 12,21-23.27.29-39). A Sacerdotal mostra a relação entre todo o ritual da Páscoa e a décima praga e a saída do Egito (Ex 12,1-20.28.40-51).

A Páscoa cristã, desse modo, é toda interpretada à luz da Páscoa judaica. Cristo, o Cordeiro de Deus, é imolado na cruz e consumido na ceia pascal, festa central nas liturgias judaica e cristã.

Resgate dos primogênitos

O motivo final que possibilitou a saída do povo do Egito não foi a Páscoa judaica, mas sim a morte dos primogênitos. Por isso, a lei do resgate dos primogênitos está relacionada com a morte deles, e não com a Páscoa. O texto é um acréscimo de estilo Deuteronomista, surgido no século VI a.E.C. (Ex 13,1-2.11-16). Esse tipo de prescrição visa, provavelmente, combater a prática do sacrifício de crianças (Jr 19,4-6). Sugere, então, que os primogênitos sejam resgatados e substituídos por animais. Os mais antigos códices na tradição de Israel declaram que os primogênitos humanos e animais pertencem a Deus (Ex 22,28-29; 34,19-20). Os primogênitos dos animais deviam ser oferecidos em sacrifício a Deus (Dt 15,19-20) e uma parte deles, aos sacerdotes (Nm 18,15-18), exceto o jumento, que era considerado animal impuro, e precisava ser desnucado (Ex 13,13; 34,20; Nm 18,15). O primogênito humano, por sua vez, tinha de ser resgatado. Nosso texto, como o de Nm 3,13; 8,17, liga essa consagração à saída do Egito e à décima praga. Embora não conhecendo bem a origem histórica dessas práticas, elas querem transmitir que Deus é o Senhor da vida. A ele tudo deve ser consagrado.

Enfim, a saída do Egito

A saída do Egito é o objetivo de todos os acontecimentos anteriores. A narrativa se envolve de dramaticidade para chegar ao ápice, quando os hebreus são libertos da escravidão. O sonho torna-se realidade, mas não sem luta e sofrimento. Os textos novamente são tecidos de diferentes leituras, envolvendo as tradições Javista, Eloísta e Sacerdotal, e veiculam distintas interpretações teológicas, conforme passaremos a analisar em seguida (Ex 13,17–15,21). O evento da saída e, principalmente, a passagem entre o mar constituem o auge da vitória. Por isso mesmo, são cantados em prosa e verso.

Êxodo na tradição Javista

Na tradição Javista, "os filhos de Israel partiram de Ramsés em direção a Sucot, cerca de seiscentos mil homens a pé, sem contar suas famílias. Subiu também com eles uma multidão misturada com ovelhas, gado e muitíssimos animais" (Ex 12,37-38; cf. 13,20-22; 14,5.6.13-14.19.20.24-25.27.30). Essa tradição combina duas versões: a da *expulsão* e a da *fuga*. Tratar-se-ia de experiências de dois grupos diferentes? Ou o coração do faraó, de fato, teria mudado? Numa primeira interpretação, os hebreus foram *expulsos* do Egito (Ex 12,39). Saíram às pressas, levando farinha, e cozeram pães sem fermento, pois não tinham como parar a fim de preparar suas provisões. Na segunda explicação, o rei do Egito foi avisado da *fuga* dos filhos de Israel e pôs-se a persegui-los, pois o coração dele havia mudado (Ex 14,5). Os israelitas ficaram com medo. Moisés, porém, animava o povo dizendo: "O Senhor combaterá por vós, e vós ficareis tranqüilos" (Ex 14,14).

Uma coluna de nuvem ia à frente, mostrando-lhes o caminho durante o dia, e uma coluna de fogo mostrava-lhes o caminho durante a noite. Deus olhou da coluna de fogo e da nuvem, viu o acampamento dos egípcios e lançou confusão no meio deles.

Ele emperrou as rodas dos seus carros, e fê-los andar com dificuldade. Então os egípcios disseram: "Fujamos da presença do Senhor, porque o Senhor combate a favor deles contra os egípcios". Os egípcios, ao fugirem, foram ao encontro do mar. E o Senhor derrubou os egípcios no meio do mar, e não escapou um só deles. Os filhos de Israel, porém, passaram pelo meio do mar enxuto; e as águas eram para eles como um muro à direita e à esquerda. Naquele dia, o Senhor viu os egípcios mortos à beira do mar (Ex 14,25.27.28.30).

A tradição Javista gosta de colocar o Senhor bem próximo ao ser humano. Por isso, sua presença é assinalada com traços antropomórficos (com forma humana), espiando no meio de uma nuvem, emperrando as rodas dos carros, admirando os cadáveres dos egípcios esparramados na areia etc.

Êxodo na tradição Eloísta

Na tradição Eloísta, os israelitas saíram do Egito com a *permissão* do faraó (Ex 13,17). Percorreram o caminho mais longo, a fim de evitar o risco de quererem voltar para o Egito diante dos combates que enfrentariam. Conhecedores do caminho, na verdade, sabiam dos perigos que os esperavam, como os filisteus e outros povos que lhes impediriam a passagem. Moisés levou consigo os ossos de José, em respeito a um pedido deste em vida. Os egípcios se deram conta de que permitiram a saída dos israelitas, arrependeram-se e os perseguiram com um grande aparato militar: "Seiscentos carros escolhidos e todos os carros do Egito, com oficiais sobre todos eles, perseguindo-os" (Ex 14,5.7.10). Os israelitas começaram a reclamar contra Moisés:

> "Não havia talvez sepulturas no Egito, por isso nos tiraste de lá para morrermos no deserto? Por que nos tiraste assim, fazendo-nos sair do Egito? Não é isto que dizíamos no Egito: deixa-nos para que sirvamos aos egípcios? Pois, melhor nos fora servir aos egípcios do que morrermos no deserto" (Ex 14,11-12).

O Senhor ordenou aos filhos de Israel que marchassem, e a Moisés que levantasse a vara, estendesse-a sobre o mar e o dividisse a fim de caminharem a pé enxuto pelo meio das águas. O anjo que ia adiante do exército de Israel passou para trás.

E o autor conclui a narrativa com o cântico de Maria, irmã de Aarão e Moisés, e de suas companheiras: "Cantai ao Senhor, pois de glória se vestiu; ele jogou ao mar cavalo e cavaleiro!" (Ex 15,21).

Êxodo na tradição Sacerdotal

No relato Sacerdotal, Deus pediu aos filhos de Israel para retrocederem e acamparem diante de Piairot, junto ao mar (Ex 14,1-2). Endureceu o coração do faraó para perseguir os israelitas, a fim de ser glorificado pelo faraó e por todo o seu exército. Desse modo, declarou: "os egípcios saberão que eu sou o Senhor" (Ex 14,4.17.18). O faraó perseguiu os filhos de Israel, alcançando-os em Piairot (Ex 14,8-9). Moisés estendeu a mão. Deus soprou um forte vento oriental, retirou o mar, secou-o e dividiu-o. Os filhos de Israel passaram e os egípcios os perseguiram até o meio do mar (Ex 14,16-18). Moisés estendeu novamente a mão e o mar voltou ao seu leito. E os egípcios foram engolidos pelo mar (Ex 14,21-23).

Por trás dessa tradição Sacerdotal há também uma alusão à narrativa da criação, da mesma tradição Sacerdotal, ao mencionar a divisão das águas e a vitória de Deus sobre estas. No mito original, a criação é descrita como a luta vitoriosa de Deus sobre o Leviatã, monstro marinho. Nessa nossa narrativa, a divisão das águas favorece Israel e desfavorece os egípcios. No meio do mar, Deus venceu novamente a força opressora do seu povo (Sl 74,12-17; Is 51,9-11).

O canto de vitória

No auge dos eventos da libertação, surge um canto de vitória, uma pausa com música e dança (Ex 15,1-21). Não pertence a nenhuma das tradições relativas ao êxodo, mas constitui-se numa tradição à parte. É uma espécie de Salmo de ação de graças, em torno dos feitos grandiosos de Deus, que liberta e salva seu povo. As grandes ações divinas são normalmente celebradas com hinos. Nesse caso, a exaltação se concentra no tema do Deus guerreiro, vitorioso sobre as forças que ameaçam seu povo.

Embora se trate de um dos textos mais antigos da Bíblia, sua datação exata é difícil de ser estabelecida. Em seu conjunto, abrange menção aos filisteus (v. 14) e a Jerusalém (v. 17), o que não se coaduna com a época de Moisés. Pode ter sido desenvolvido em torno do refrão mais antigo de Maria, "Cantai ao Senhor, pois de glória se vestiu; ele jogou ao mar cavalo e cavaleiro!" (v. 21). Os elementos desse estribilho transmitem, possivelmente, o núcleo histórico dos acontecimentos, incluindo cena de guerra, localização no mar, envolvimento de cavalaria. A presença de Miriam, irmã de Moisés, na liderança das mulheres com tamborins, formando coros de dança, mostra uma tradição histórica importante, além de ilustrar o protagonismo feminino em semelhantes situações.

Os eventos do êxodo, com o Senhor vitorioso sobre as tropas do faraó, ocupam a primeira parte do hino (vv. 1-12). Em seguida, a ação libertadora do Senhor é ampliada para a etapa do deserto e para a alusão ao resgate ou redenção do povo (v. 13). Passa-se então a exaltar as vitórias do Senhor sobre os reis de Canaã, numa espécie de releitura dos eventos do êxodo (vv. 14-18). E se retorna, finalmente, ao contexto da passagem do mar, com o cântico das mulheres (vv. 19-21).

A passagem dos hebreus não é descrita, apenas aludida de maneira poética. Num belo contraste literário, enquanto o exército do faraó cai petrificado no fundo do mar (v. 5), e as águas se retesam imobilizadas (v. 8), os povos, petrificados de medo (v. 16), abrem passagem para Israel, livre e conquistador.

74

8
Êxodo e Sinai

Em Ex 15,21 termina a grande etapa dos relatos da libertação, com seu auge na passagem do mar, e, a partir do versículo 22, começa a caminhada no deserto. Essa segunda metade do livro do Êxodo é chamada tradição do deserto e do Sinai. Isto porque os acontecimentos nela narrados giram todos em torno do monte Sinai. Curiosamente, na primeira parte do livro não há alusão ao Sinai. Conclui-se que, no início, se tratava de duas tradições literárias distintas. Na redação final do êxodo, os eventos foram agrupados e atribuídos todos a Moisés.

Se bem observado, com efeito, pode-se notar que há diferenças consideráveis entre as duas tradições. O Deus do êxodo mantém-se mais próximo, enquanto o do Sinai é mais distante. Senão, vejamos. O Deus do êxodo caminha com seu povo, vê, ouve, conhece, desce para libertá-lo e conduzi-lo à nova terra. Já o Deus do Sinai mora no alto da montanha sagrada, manifesta-se com sinais estrondosos que enchem de medo e exige procissões para ser encontrado. Além de duas tradições diferentes, portanto, trata-se de duas teologias distintas.

A independência entre as duas tradições transparece, igualmente, em outros textos, como nas profissões de fé, em que o êxodo ocupa lugar central, mas não se alude aos acontecimentos relativos ao Sinai, nem mesmo à criação do ser humano. É o caso de Dt 6,20-23; 26,5-9; Js 24,1-13.

Outros textos do antigo credo israelita, sobre o êxodo, incluem o tema da criação, mas não o do Sinai, como Ex 15,1-18;

1Sm 12,6-13; Sl 78; 105; 135; 136. A inserção do tema do Sinai encontra-se num texto de Neemias, que celebra a ação de Deus na história de Israel (Ne 9,6-37). Nessa oração, aparecem as tradições da criação, dos patriarcas, do êxodo, do Sinai, do deserto, da tomada da terra, dos juízes, da monarquia, do exílio e do pós-exílio. Trata-se de um texto posterior, do período Persa, já por volta do ano 450 a.E.C.

Enquanto o Cântico de Maria (Ex 15,1-21) se concentra no êxodo, o Cântico de Débora (Jz 5,1-31) o ignora, para entoar os feitos em torno das tradições do Sinai. Considerado um dos primeiros textos da Bíblia, talvez o mais antigo, este Cântico apresenta o Senhor como o Deus ligado à montanha santa do Sinai, vindo de fora de Israel, de Seir, nas planícies de Edom (Jz 5,4-5). Nessa versão, o Senhor sai do Sul para participar da luta das tribos do Norte, contra a tributação excessiva imposta pela coalizão dos reis de Canaã. O confronto acontece junto ao riacho Quison. Uma chuva repentina faz o riacho transbordar e, na sua correnteza, carrega as tropas dos inimigos de Israel, os seus carros e as suas armas (Jz 5,19-22). Essa vitória, como a do grupo de Moisés, é também atribuída ao Senhor.

A tensão entre êxodo e Sinai se manifesta em textos como Ex 3, no qual o Senhor se revela numa sarça ardente, e Ex 19, em que aparece numa montanha fumegante. Também na visita do profeta Elias ao monte Horeb (o mesmo Sinai, segundo a tradição Eloísta), subjaz a discussão sobre a revelação de Deus, não no furacão, no terremoto ou no fogo, mas sim no "murmúrio de uma brisa suave" (1Rs 19,12).

O Deus do êxodo

Se o êxodo foi o evento fundante de Israel, significa que nunca deixou de ser lembrado. O povo de Israel, como grandeza política e social, constitui-se em torno da saída do Egito. Essa libertação vai ser a raiz axial que sustentará toda a história. Será igualmente uma fonte, na qual se inspirarão muitas outras lutas.

Não é de estranhar, portanto, que a Escritura repita com freqüência: "O Senhor nos fez sair do Egito" (Ex 7,4).[1] Essa afirmação sustenta o núcleo da fé do povo de Israel. Conseqüentemente, será proclamada nos diversos contextos de sua caminhada, tais como na festa das primícias (Dt 26,5-9), na renovação da Aliança (Js 24,1-13), na liturgia (Sl 78; 136), na educação dos filhos (Ex 12,26-27), na literatura talmúdica (*Pesahim* 10,9), além de continuar sendo revivida hoje, nas celebrações anuais da Páscoa judaica. "O Senhor nos fez sair do Egito" é a garantia absoluta e válida para toda a humanidade de todos os tempos que Deus quer a liberdade e a felicidade dos seus filhos. Israel se apoiava nessa experiência nos momentos de tribulação, sofrimento e perseguição (Sl 42,12).

O nome de Deus é YHWH

Os acontecimentos em torno do êxodo são atribuídos, na redação atual dos textos, a uma nova divindade, YHWH, um Deus solidário com o ser humano, sobretudo com os pobres e oprimidos. Outras divindades, no Egito, em Canaã ou na Babilônia, não ouviam o clamor dos fracos. Só se comunicavam com os reis. Daí o poder revolucionário de um Deus que dá atenção direta às pessoas que sofrem.

Já é sabido que os textos foram redigidos posteriormente, de acordo com as diversas tradições. Há dúvidas, do ponto de vista histórico, sobre a origem do Deus Javé. Também se

---

[1] Confira Ex 12,41; 13,8.15.16; 16,6.32; 17,3; 20,2; 29,46; Nm 23,22; 24,8; Dt 4,34.37; 5,6; 13,6; 16,1; Js 2,10; 24,5-6; 1Sm 10,18; 1Rs 8,16; 2Rs 17,7.36; Ne 9,18; Sl 81,11; 136,11; Os 11,1; Am 2,10; 3,1; Mq 6,4, entre outros.

discute em que momento preciso ele passou a ser o Deus único de Israel. Contudo, para o interesse teológico do êxodo, esse Deus aparece ligado à libertação e revela seu nome no momento da angústia (Ex 3,13-15).

O nome Javé passa a ser o nome mais importante de toda a Bíblia hebraica. Ocorre mais de 6.700 vezes no Primeiro Testamento. Em sua origem, nem era um nome, mas sim um verbo. Na Bíblia, só é grafado com cinco consoantes, o tetragrama YHWH. Em sua raiz, provavelmente, está o verbo ser. Daí se compreende a tentativa de explicá-lo como *"Eu sou aquele que é"* (Ex 3,14). Está claro, no contexto, o significado geral de um Deus que está próximo e que atua junto aos marginalizados.

Os judeus, por respeito, nunca escrevem o nome Javé, como nós o fazemos. Nem sequer o pronunciam. Apenas escrevem o tetragrama YHWH, e lêem Adonai, isto é, meu Senhor. Algumas Bíblias, de fato, traduzem o nome divino como Senhor. Outras, mantêm uma grafia aproximada à pronúncia, Iahweh ou Jeová.

Muitos nomes são usados para designar a Deus. No contexto do êxodo, Javé é ligado às divindades dos patriarcas. Ele é o mesmo Deus dos pais (Ex 3,13), o Deus de Abraão, o Deus de Isaac e o Deus de Jacó (Ex 3,15). Com isso, estabelece-se a continuidade do êxodo com a história dos patriarcas e matriarcas. Outros nomes para a divindade são El e Elohim, traduzidos como Deus. No próprio contexto do êxodo, uma segunda revelação do nome divino reforça as mesmas associações, e insiste mais na posse da terra (Ex 6,2-8).

O Senhor revela seu nome

Revelar o nome, no contexto do Antigo Oriente, possuía especial significado. Além de uma simples palavra, o nome exprimia a substância da pessoa. Desse modo, quando alguém conhecia o nome de outro, apoderava-se de sua essência, de seu valor e seu poder. No caso das divindades, conhecer um Deus significava, de certa forma, possuí-lo. Sabendo o nome e invocando-o, forçava-se a presença da própria divindade. Com o nome, era possível prestar culto. Cultuando-o, naturalmente, invocava-se o seu amor ou temia-se o seu poder. Israel tinha certeza desse poder do Senhor, e acreditava ser objeto de seu amor e de sua misericórdia (Ex 33,19; 34,6). Por conseguinte, rendia-lhe culto (Gn 12,8; 13,4; 21,33; 1Rs 18,24).

O amor fiel do Senhor por Israel levou-o a refutar qualquer tentação de infidelidade. O nome do Senhor devia ser santificado. Israel se servia do nome divino nos sacrifícios, na oração, nas bênçãos ou maldições e na guerra santa (Sl 20,8). Os levitas bendiziam o nome do Senhor (Dt 10,8), e o mesmo fazia o rei (2Sm 6,18). Os sacerdotes colocavam o nome de Deus sobre Israel (Nm 6,27; Sl 129,8) e, ademais, juramentos e maldições podiam ser feitos em seu nome (Nm 6,2; Sl 44,6; 118,10). Fora do culto oficial, o nome de Deus não devia ser pronunciado em vão (Ex 20,7; Dt 5,11), muito menos podia ser usado em práticas obscuras ou falsos juramentos (Lv 19,12). Santificar o nome do Senhor significava reconhecer a unicidade e exclusividade do seu culto. Se Israel participasse de um culto que não fosse oferecido ao Senhor, profanava o seu santo nome (Lv 18,21; 20,3). O nome divino devia ser santificado com a observância dos mandamentos (Sl 119) e o andar nos caminhos do Senhor: "Sim, todos os povos caminham, cada qual em nome do seu deus: nós, porém, caminhamos em nome do Senhor, nosso Deus para sempre" (Mq 4,5). Graças a essa fidelidade, o Senhor salva (Sl 54,3). No seu nome pode-se encontrar socorro (Sl 20,3). Ele é a fortaleza que oferece refúgio (Pr 18,10). Por "causa do nome do Senhor", Israel confia na sua ajuda e salvação (Sl 23,3; 25,11; 143,11; Is 48,9; Jr 14,7).

O culto ao Senhor

Quando, onde e como começou o culto ao Deus YHWH? Mediante estudos, supõe-se anterior a Israel, de fora de Canaã e ligado à montanha. Teria surgido em Edom ou Seir, no território ocupado pelos madianitas, quenitas, beduínos de Shasu. Em contato com esses primeiros adoradores, os hebreus teriam conhecido a YHWH e o acolhido como seu Deus. Em torno d'Ele, criaram a tradição do Sinai. Posteriormente, uniram Sinai e êxodo, incluindo, nessa ligação, a idéia de lei e aliança.

Nessa antiga tradição do Sinai, YHWH mora numa montanha e aí recebe quem deseja comunicar-se com Ele. Esse culto no Sinai era acompanhado por fenômenos extraordinários, como fogo (Ex 3,2; 19,18; 1Rs 19,12), fumaça (Ex 19,18), fornalha (Ex 19,18) e tremor de terra (Jz 5,4-5; Ex 19,18; 1Rs 19,11). Outras vezes era acompanhado por fenômenos da natureza, como chuva (Jz 5,4-5), vento e tempestade (1Rs 19,11), trovão e relâmpago (Ex 19,16; Hab 3,4.11b). Na origem, portanto, o Senhor seria um Deus da natureza. Mais tarde, passou a ser cultuado também como o Deus da história, libertador da escravidão. Essa última experiência, de Deus libertador, foi assumida por todas as tribos de Israel, porque todas, sem exceção, desejavam ser libertas do jugo dos reis das cidades-Estados de Canaã, vassalas do faraó e seus aliados no processo de opressão. Libertar-se, portanto, do poder dos reis das cidades-Estados significava, indiretamente, tornar-se livre do poder opressor do faraó. Dessa forma, o sucesso do grupo de Moisés se impôs e foi assumido como uma experiência comum a todas as tribos de Israel.

9

Releitura do êxodo no Primeiro Testamento

Dada a importância da libertação, os acontecimentos em torno do êxodo adquiriram grandiosidade e significado constantes na história de Israel. Nos momentos de glória, celebrava-se o êxodo como louvor; nos de crise, evocavam-no como inspiração; e nos momentos de traição, buscava-se o êxodo como ameaça. Por tudo isso, a saída da escravidão passou a ser paradigma, ou seja, padrão, modelo, exemplo, protótipo ou tipo. Seria como uma forma, na qual se moldam outros momentos semelhantes. A título de exemplo, pode-se lembrar como a própria teologia cristã faz a leitura tipológica de vários elementos do êxodo: a escravidão do Egito é lida como situação de pecado, as águas do mar representam o batismo, o maná é símbolo da eucaristia, a água da rocha constitui o próprio Cristo e a terra prometida simboliza a pátria celeste.

O que segue, aqui, são exemplos de releituras do êxodo feitas pela própria Bíblia, no Primeiro e no Segundo Testamento.

Nos credos históricos da tradição Deuteronomista

O povo da Bíblia, desde suas origens, formulou profissões de fé que asseguraram a união entre si e a confiança em Deus. Tais declarações ou confissões de fé são chamadas, por pessoas que estudam a Bíblia, de "Credos históricos do povo de Israel". Eles eram repetidos em forma de oração, instrução e memória sagrada. Aí se condensam os referenciais da fé do povo, isto é, aquilo que se considera o mais importante em sua vida. Em todas essas profissões de fé, o êxodo ocupa lugar central.

Os diversos credos obedecem a um esquema quase fixo, com os seguintes elementos: "Nós éramos escravos no Egito"; "Gritamos ao Senhor"; "Ele nos fez sair, por meio de sinais e prodígios"; "Nos deu a terra prometida como herança".

Na festa das primícias

O credo histórico de Dt 26,5-9 está contextualizado na festa das primícias. Quer dizer que uma festa anual, em ambiente agrícola, serviu como moldura para celebrar a libertação. O que foi originalmente uma festa em torno das colheitas passou a ser celebrada nos diversos santuários, espalhados pelo território, conforme o ritmo anual dos trabalhos no campo. A tradição Deuteronomista, da qual o texto passou a fazer parte, introduziu a referência ao culto centralizado no templo de Jerusalém, com o rito de ofertas precedido pelo sacerdote. Da forma como pode ser lido hoje, o texto combina diversos significados, relativos à terra, jogando com o verbo "entrar". Em primeiro lugar, essa profissão de fé era rezada por ocasião da colheita dos primeiros frutos da terra, quando os produtos entravam nos celeiros (vv. 2.10). Num segundo nível de compreensão, enquanto se peregrinava e se entrava no templo, agradecia-se a Deus pelas colheitas e pelo dom da terra (v. 10). Num terceiro e mais amplo sentido, insere-se aí a entrada na terra prometida e a conquista de "uma terra onde mana leite e mel" (v. 9). A celebração, portanto, desencadeava diversos vínculos. A entrada no santuário puxava a entrada da colheita, e a colheita, por sua vez, arrastava consigo aquela histórica entrada na terra de Canaã. Graças a esse processo, a pessoa reconquistava, anualmente, a sua libertação na terra conquistada. E a celebração permitia, em sentido profundo, o intercâmbio de dons entre Deus que dá a terra e as pessoas que ofereciam os frutos da terra.

Todo o miolo do texto é recheado pelo êxodo. Enquanto em outras tradições religiosas se recitava algum mito de fecundidade, em Israel se proclama uma história viva e real. Tampouco se recita um elenco de verdades. É o que permite classificar o texto como "Credo histórico". Trata-se de profissão de fé com base na história. O movimento do texto passa, alternativamente, de fase negativa para positiva, isto é, de povo errante para nação forte (v. 5) e de povo oprimido para nação livre (vv. 6-10). O filme da história é reprisado em grandes *flashes*, com a trajetória dos patriarcas (v. 5), a opressão do Egito (v. 6), o clamor ao Senhor, atento ao grito de aflição (v. 7), a fantástica libertação (v. 8) e o dom da terra (v. 9). De maneira curiosa, não há menção à tradição do Sinai.

Na catequese familiar

O credo histórico de Dt 6,20-23 é outra profissão de fé, centrada igualmente no êxodo, mas contextualizada em ambiente familiar. A orientação é dada aos pais para que transmitam aos filhos as instruções mais importantes para sua fé. Nessa ordem de prioridade, estão os acontecimentos relativos ao êxodo. Em toda a tradição judaica, a prática da catequese familiar é constante. Iniciam-se nos tenros anos da infância as primeiras letras das divinas palavras. Essa forma de diálogo leva os pais a responderem às perguntas das crianças sobre os testemunhos, estatutos e normas que o Senhor deixou para observar. A motivação para tal observância é a recordação da bondade de Deus por meio da libertação do Egito e da concessão da terra.

Na moldura da catequese familiar, quando se quer apresentar os elementos mais importantes para a fé das gerações, salta aos olhos o êxodo. Em comparação com o "Credo histórico" de Dt 26,5-9, estudiosos denominam este como "pequeno Credo". Isso porque ele condensa as mesmas afirmações do anterior. É uma confissão de fé baseada na história. E na história, privilegia centralmente os elementos da libertação. De novo não consta a lembrança do Sinai, nem se menciona a revelação dos mandamentos a Moisés. A própria criação da mulher e do homem está ausente. Na essência da história salvífica, aparece o êxodo com menção à promessa aos patriarcas (v. 23), à escravidão e saída do Egito (v. 21), às dez pragas ou prodígios (v. 22) e à entrada na terra (v. 23). O que justifica, portanto, a observância da lei é a memória do Deus libertador e generoso em conceder ao povo a posse da terra.

Na assembléia popular

O próximo credo histórico se concentra em Js 24,2-13. Na seqüência atual do texto bíblico, após a posse da terra, Josué convoca as tribos de Israel para uma grande assembléia. A famosa assembléia de Siquém, como ficou conhecida, era uma espécie de renovação da aliança, isto é, a celebração do contrato público de fidelidade entre o povo de Israel e seu Deus YHWH. O formulário todo desse convênio se estende pelo capítulo 24 de Josué, e inclui introdução histórica (vv. 2-13), consulta popular (vv. 14-24), rito de conclusão da aliança (vv. 25-27) e despedida do povo (v. 28). Para nosso escopo, interessa a primeira parte, o "prólogo histórico" (vv. 2-13). Nele, estão concentradas as motivações para o compromisso de Israel com seu Deus.

A história dos benefícios de YHWH é cuidadosamente construída, e centrada, uma vez mais, sobre os eventos do êxodo. O esquema da libertação e salvação é ilustrado com outra brilhante síntese de história e de fé. Nessa memória histórica, a etapa dos patriarcas ocupa grande espaço (vv. 2-4). Destaca-se a bondade do Senhor em dar descendência e herança aos pais. Observa-se, ainda, a tríplice repetição do verbo dar, como ação divina. A segunda etapa ocupa amplo espaço, com o tirar do Egito e conduzir até o deserto (vv. 5-7). Curiosamente, o texto afirma que Israel habita no deserto, lugar de passagem, mas não menciona ter habitado no Egito. A terceira etapa da história, a entrada na terra, é a mais longa e inclui marcas de guerra maiores que as da saída do Egito (vv. 8-13). O texto, que tanto ressalta as tradições do êxodo, não faz alusão, de novo, às da criação e do Sinai.

Nos profetas

A profecia, em Israel, retoma o êxodo de diversas formas. Quando esquecido, é saudade; contra opressores, é ameaça; a favor dos oprimidos, é promessa. Como a profecia representa, de certa forma, a consciência do povo, ela retoma com freqüência os elementos do êxodo para apontar caminhos melhores. Embora tendo os olhos voltados para o futuro, os profetas vivem o presente e se abeberam, continuamente, nas fontes do passado. Por isso, o êxodo é um dos mais ricos mananciais de sua inspiração. Além dos exemplos que seguem, muitos outros textos proféticos tematizam o êxodo, tais como Os 2,16-17.[1]

Ameaça em Amós

Amós atuou na época de Jeroboão II (783-743), em Israel, no reino do Norte, dividido de Judá, terra de origem do profeta. Foi um período de opulência e prosperidade, mas

---

[1] Confira também: Is 63,7-19; Jr 7,22-25; 11,4; 23,7-8; 31,31-34; Ez 16; 20; 23.

também de grande injustiça social. Quanto mais aumentava o bem-estar dos ricos, mais se alargava a brecha que os separava dos pobres. Injustiça e exploração temperavam o prato diário que amargava a vida das pessoas oprimidas. Por isso mesmo, o grito por justiça tornou-se a bandeira do profeta.

Para agravar ainda mais a situação, o êxodo era usado ideologicamente. Mas que ideologia era essa? Era a idéia do privilégio. Se Deus realizara prodígios no passado, em favor de Israel, pensavam, manteria sua mão protetora nesse momento. Assim como naquele dia libertou os hebreus da escravidão, poder-se-ia esperar um novo dia de libertação total, o Dia do Senhor. Ledo engano, alerta Amós! Esse dia "será trevas e não luz" (Am 5,18). É inútil considerar-se preferido por Deus e manter a exploração dos pobres. A palavra profética fulmina com a ameaça de morte (Am 9,10). Declara que o êxodo será desgraça e não libertação.

E mais! Aos que consideravam o êxodo privilégio exclusivo de Israel, adverte: "Não sois para mim como os cuchitas, ó filhos de Israel? — oráculo do Senhor. Não fiz Israel subir da terra do Egito, os filisteus de Cáftor e os arameus de Quir?" (Am 9,7). Avisa, portanto, que a libertação se estendia a outros povos, mesmo a inimigos de Israel. Os cuchitas eram grupos do centro da África e representavam as nações mais distantes. Os filisteus eram os vizinhos do litoral sul, adversários tradicionais. Os arameus faziam fronteira pelo norte. Mostrando a posição de outros povos, Amós adverte que a libertação não era privilégio de Israel, pois podia ser atuada inclusive em favor dos inimigos. Pode-se concluir que o profeta esqueceu o êxodo. E também que foi severo demais contra seu povo. E foi mesmo! Por quê? Certamente porque Israel deveria ter aprendido que não se deve oprimir os pobres. Mas oprimiu! Não merecia, portanto, nenhum privilégio.

Saudade em Jeremias

O profeta atuou no Sul, em Judá, durante os reinados de diversos reis, desde Josias até Sedecias (640-587). Interpela Jerusalém, como capital, infiel à predileção amorosa do Senhor (Jr 2,2). E estende sua mensagem a Israel (v. 3), também conhecido como Casa de Jacó (v. 4). Termina com um processo contra as classes responsáveis pela nação: sacerdotes não buscam a Deus, doutores pervertem a lei, pastores rebelam-se e profetas se vendem a outras divindades (v. 8). A grande falha dessas lideranças, em síntese, foi terem-se esquecido do êxodo.

Os maiores eventos da libertação e tomada da terra são sintetizados de maneira magistral em apenas dois versículos. Aí se resumem os três tempos da história: saída do Egito (v. 6), caminho pelo deserto (v. 6) e entrada na terra (v. 7). O período mais privilegiado foi, claramente, o do deserto. A realidade daquela aridez (v. 6) contrasta com a fertilidade da nova terra (v. 7).

Mas o deserto é idealizado como o tempo de noivado entre Israel e seu Deus, tempo de saudade, de amor e de carinho. Jovem linda, Israel foi a noiva pela qual o Senhor se apaixonou. O deserto, como local de sedução e namoro, é retomado de Os 2,16-17. Espaço de solidão, é igualmente o cenário dos sonhos, onde se desenvolve a coragem para enfrentar os desafios futuros. De tudo isso, porém, só restou saudade, pois a esposa fora infiel. Israel se comprometeu, mas não manteve sua promessa, enquanto Deus, por seu turno, recorda, com saudoso amor, o seu compromisso cumprido nos acontecimentos do êxodo.

Renovação em Isaías

O texto em questão pertence a um profeta anônimo, que atuou no final do exílio, na Babilônia, reconhecido como

Dêutero-Isaías ou Segundo Isaías, e tem sua obra identificada dentro do grande livro atribuído a Isaías (Is 40–55). Naquela época, por volta de 550 a.E.C., o profeta começou a entrever uma mudança no horizonte da política internacional. O império babilônico estava decaindo e um novo soberano despontava. Com a ascensão de Ciro ao poder, como líder do império persa, abriam-se perspectivas de mudança e se criou, nos exilados, a expectativa de um novo êxodo.

Esse discípulo de Isaías tem como tema preferido, no contexto de sofrimento e morte no exílio, a criação, onde Deus fez nascer tudo do nada. Deus pode fazer brotar vida na história de seu povo aparentemente sem vida. Por isso, o retorno à terra é visto por Isaías como uma nova criação. Do caos em que vive seu povo, Deus pode recriar a história.

Essa recriação é interpretada como um novo êxodo, no qual Ciro é o ungido do Senhor, e diversos símbolos são reinterpretados. Há correntes rompidas, canto de liberdade, mar que destrói o mal da opressão, deserto e marcha em direção à terra. Não se trata apenas de uma repetição, mas de um novo êxodo, pois supera totalmente o primeiro. Esse êxodo triunfal não será feito às pressas, como o primeiro, nem será guiado por um homem, mas pelo próprio Deus. Um caminho sagrado atravessará o deserto, plantas florescerão ao longo da caminhada, fontes abundantes jorrarão, e nada faltará nesse retorno glorioso. O êxodo se transforma, portanto, em nova criação e alarga as perspectivas de libertação.

Nos Salmos

Os acontecimentos do êxodo facilmente se tornam oração e, como tais, se encontram presentes sobretudo nos Salmos. Espraiam-se, porém, em toda a literatura sapiencial. Aí, em geral, engrandecem-se os feitos para mostrar o poder libertador de Deus. Enquanto nos atemos ao Sl 78, apontamos para outros que desenvolvem a mesma temática.[2]

Oração de louvor no Salmo 78

O Sl 78 provavelmente é do período persa, época de reconstrução de Judá, do templo, dos muros e da comunidade após o exílio. Propõe uma catequese pública, tradicional, ao mesmo tempo litúrgica e eclesial, a ser transmitida de geração em geração. Em sua forma de louvor, o Salmo integra as várias etapas da libertação e da marcha pelo deserto. Sua visão é mais condizente com a tradição Sacerdotal, que privilegia o aspecto espetacular sobre o histórico. Nessa ótica, o núcleo central da história de Israel, o êxodo, é uma procissão em meio a dois diques de água abertos, e logo fechados para engolir os egípcios e seu aparato militar.

O esquema teológico do Salmo é o da retribuição, isto é, ao pecado segue-se o castigo, ao clamor segue-se a libertação. Essa é, basicamente, a teologia da tradição Deuteronomista. Tal idéia se reflete na composição do Salmo, da seguinte maneira: após a introdução, para trazer à memória "o que nossos pais nos contaram" (vv. 1-7), há uma primeira antítese, na qual os pais se esqueceram das maravilhas realizadas (vv. 8-11), mas Deus, mesmo assim, os fez atravessar o mar e lhes deu água da rocha (vv. 12-16). Na segunda antítese, tentaram a Deus no deserto (vv. 17-20) e receberam, em compensação, a fúria divina, com codornizes e maná (vv. 21-31). Segue-se um intervalo meditativo (vv. 32-39), para dar lugar à terceira antítese, na qual se repisa o esquecimento de Israel (vv. 40-43), em contraste com as maravilhas operadas no Egito, mediante prodígios ou pragas

---

2 Veja: Sl 68,8; 77,21; 81,11.17; 95,7-11; 105,22-45; 106,8-12; 114; 136,10-21.

(vv. 44-55). Num quarto jogo de antíteses, à nova tentação (vv. 56-58) seguem-se nova fúria (vv. 59-67) e nova escolha divina (vv. 68-72).

Na seção das pragas, o Salmo retoma o mesmo esquema da tradição Javista, com sete prodígios, a saber, "transformou em sangue seus canais" (v. 44), "enviou-lhes moscas que os devoravam" (v. 45), "e rãs que os devastavam" (v. 45), "entregou [...] seu trabalho aos gafanhotos" (v. 46), "destruiu sua vinha com granizo" (v. 47), "abandonou seu gado à saraiva" (v. 48) e "feriu todo primogênito no Egito" (vv. 49-51). São omitidas as narrativas sobre as úlceras, as trevas e os mosquitos.

O Salmo acentua, com seu esquema repetitivo, a pedagogia divina, que corrige Israel continuamente. "Ele, porém, compassivo, perdoava as faltas e não os destruía" (v. 38). E frisa, com maior vigor e ênfase, a bondade do Senhor, sempre pronto a incentivar a caminhada, pois, "para os alimentar fez chover o maná, deu para eles o trigo do céu; cada um comeu do pão dos Fortes; mandou-lhes provisões em fartura" (vv. 24-25).

Na tradição Sapiencial

Na literatura sapiencial como um todo, o êxodo não poderia estar ausente. O livro dos Salmos faz parte dessa literatura, mas ela abrange textos variados, de épocas e estilos muito diferentes. Livros como Ester e Judite aplicam às suas narrativas o modelo do êxodo. Mas o exemplo mais saliente, por certo, está no livro da Sabedoria.

Critério de discernimento na Sabedoria

O livro da Sabedoria é bem posterior, escrito no período romano por volta do ano 50 a.E.C. Retoma o êxodo de maneira totalmente original e o aplica à nova situação dos judeus, na diáspora. As diversas etapas da história são recontadas de maneira poética e cifrada. É possível observar como desfilam os personagens e os fatos sem que sejam citados nomes de pessoas nem de lugares. Mas a descrição evidencia a sua identificação.

O mais original é a reflexão sobre as pragas ou prodígios do Senhor no Egito. Em forma de antítese, são jogados para evidenciar a oposição entre hebreus e egípcios. Os dados do êxodo são retomados, naturalmente, de maneira muito livre, compondo uma leitura bem diferente das anteriores. É a reflexão bíblica chamada de *midrashe*, por nós conhecida como atualização ou releitura. No caso, o instrumento de punição ou de libertação é sempre a natureza. Esta é neutra e reage conforme as pessoas estejam a serviço da opressão ou da libertação.

A sabedoria é o elemento que permite discernir, isto é, usar da natureza de uma ou de outra maneira. Com base nessa tradição, dois blocos são identificados: os sábios hebreus e os ímpios egípcios. Em sete antíteses, de maneira simétrica, são reelaborados diversos elementos das narrativas do êxodo.

A primeira antítese (11,4-14) é formada pela água, de tal modo que, enquanto para os hebreus brotava água potável da rocha, para os egípcios os rios se turvavam de sangue, e "aquilo que serviu de castigo aos seus inimigos tornou-se para eles benefício na penúria".

A segunda antítese (16,1-4) opõe as rãs invadindo os alimentos egípcios às codornizes saciando o apetite dos hebreus, de forma que, "enquanto aqueles, famintos, perdiam o apetite natural pelo desgosto do que lhes fora enviado, estes, depois de passar um pouco de necessidade, repartiam entre si um alimento extraordinário".

A terceira antítese (16,5-14) apresenta "um sinal de salvação", a serpente de bronze dos hebreus, ao passo que os ímpios egípcios "morreram pelas picadas de gafanhotos e moscas".

A quarta antítese (16,15-29) contrasta a chuva de granizo ao maná. Enquanto "aos ímpios [...] perseguiam-nos chuvas insólitas, granizo, tormentas implacáveis e o fogo os devorou", "ao teu povo, ao contrário, nutriste com um alimento de anjos, proporcionando-lhe, do céu, graciosamente, um pão de mil sabores, ao gosto de todos".

A quinta antítese (17,1–18,4) faz oposição entre as trevas e a coluna de fogo. "Os ímpios, persuadidos de poderem oprimir uma nação santa, jaziam cativos nas trevas, nos entraves de uma longa noite [...]"; "mas para os teus santos havia plena luz".

A sexta antítese (18,5-25) estabelece o contraste dentro da mesma noite, trágica para uns e gloriosa para outros. "Absolutamente incrédulos por causa dos sortilégios, à vista da morte de seus primogênitos, confessavam que aquele povo era filho de Deus."

A sétima antítese (19,1-9) acontece na travessia do mar, "enquanto teu povo experimentava uma viagem maravilhosa, eles mesmos encontrariam uma morte insólita".

O livro é concluído com um canto de louvor a Deus, pelas maravilhas operadas em favor de seu povo: "Senhor, em tudo engrandeceste e glorificaste o teu povo; sem deixar de assisti-lo, em todo tempo e lugar o socorreste!" (19,22).

10
Releitura do êxodo no Segundo Testamento

O Segundo Testamento, assim como o Primeiro, faz muitas releituras da experiência do êxodo na vida de Jesus e das comunidades cristãs primitivas. Alguns exemplos são apresentados a seguir. Outros podem ser conferidos, como em At 13,16-41.[1]

Na comunidade paulina de Corinto

Por volta do ano 58, Paulo escreveu aos Coríntios, comunidade da Grécia, onde os problemas não eram poucos. Corinto era uma grande metrópole, de cultura e tradição religiosa muito diversificadas. A comunidade cristã era constituída, em sua maioria, por pessoas simples, trabalhadoras dos portos. Havia divisões internas de lideranças, dúvidas quanto ao casamento entre cristãos e gentios, quanto à virgindade ou fornicação e quanto ao comer ou não comer carnes sacrificadas aos ídolos.

Elementos do êxodo são aplicados à nova situação dos cristãos. Para que não levassem suas intrigas aos tribunais pagãos, Paulo recomenda purificar-se do velho fermento e, na Páscoa de Cristo, novo cordeiro, alimentar-se com os ázimos da verdade e da sinceridade (1Cor 5,6-8). Ora, no ritual judaico da Páscoa, comia-se o cordeiro pascal acompanhado de pães sem

---

[1] Veja também: Jo 2; 6; 13–20; Hb 3,1–4,13; 7; 9–10; 1Pd 2,9; Ap 15,3-4.

fermento (Ex 12,18-20). Na releitura cristã desses ritos, Cristo é o Cordeiro Pascal que veio destruir todo o velho fermento. O fermento era considerado o elemento que corrompia o pão, daí sua associação com pecado.

Na mesma comunidade, Paulo aplica, como exemplo para o batismo cristão, os vários elementos do deserto: nuvem, passagem do mar, maná, água da rocha. O maná e a água figuram a eucaristia. A idolatria serve de advertência contra a fornicação (1Cor 10,1-13).

Nos evangelhos

Todos os evangelistas aplicam o modelo da Páscoa judaica, com seus diversos elementos, à última ceia de Jesus e a muitos detalhes de sua paixão e morte. Também episódios como o das tentações de Jesus são releituras que os sinóticos fazem das tentações do povo nos quarenta anos de deserto. A diferença é que lá o povo sucumbiu à tentação, enquanto Jesus a superou.

Jesus é o novo Moisés em Mateus

O evangelho de Mateus retrata uma cultura judaica muito acentuada e, por conta disso, faz diversas releituras do Primeiro Testamento. A própria estrutura de seu evangelho, em cinco livros, é avaliada como uma espécie de novo Pentateuco, e o Sermão da Montanha, proferido por Jesus, pode ser uma reedição dos mandamentos transmitidos na montanha do Sinai.

Mas o momento em que Mateus melhor ilustra a atualização do êxodo é na infância de Jesus. Como novo Moisés, Jesus fugiu para o Egito e de lá foi chamado para libertar o novo povo de Deus (Mt 2,13-15). Em paralelo com a morte dos meninos, no Egito, Mateus apresenta a matança dos inocentes (vv. 16-18). O retorno de Jesus, Moisés definitivo, do Egito para Israel, estabelecendo-se na Galiléia, é descrito com vários detalhes (vv. 19-23).

É possível que Mateus tenha-se inspirado na *hagadah* sobre a infância de Moisés e nas *Antigüidades Judaicas* de Flávio Josefo para apresentar a narrativa sobre a morte dos inocentes e Jesus salvo das mãos de Herodes. Essas fontes afirmam, com efeito, que os escribas teriam anunciado entre os hebreus o nascimento de um menino que haveria de destruir os egípcios e tornar Israel forte. Por essa razão, compreende-se a ordem do faraó, de matar todos os meninos hebreus logo após o nascimento. A milagrosa salvação do menino por obra de Deus é enriquecida pela sua aparição ao pai de Moisés, anunciando--lhe a salvação do filho. Na narrativa de Moisés, a trajetória da fuga acontece do Egito para Madiã.

O paralelo entre Mateus e o êxodo permite várias outras aproximações. Herodes temia que o novo rei tomasse-lhe o trono, assim como o faraó se apavorou diante do crescimento demográfico dos hebreus. Jesus se salvou das mãos de Herodes, da mesma forma como Moisés se livrou da sentença de morte do faraó. A obediência imediata ao anjo salvou a vida de José, da mãe e do filho, assim como a intervenção divina, por meio da filha do faraó, salvou Moisés da morte. A citação profética "do Egito chamei meu filho" é um empréstimo de Oséias (Os 11,1) para reforçar o paralelo entre Jesus e Moisés, ambos chamados do Egito para a mesma missão libertadora. Outro empréstimo, do profeta Jeremias (Jr 31,15), evoca a imagem de Raquel, mãe do povo, que chorava desconsolada a deportação dos filhos para o exílio, e não queria que ninguém a consolasse.

Novo êxodo em João

O evangelho de João, em seu simbolismo típico, integra muitos elementos do Êxodo. Em paralelo com a Lei dada por

Moisés, situam-se a graça e a verdade, trazidas por Jesus (Jo 1,17). Enquanto o Êxodo atribui a Deus o título "Eu sou" (Ex 3,14), em João é Jesus mesmo que assim se identifica (Jo 4,26 e outros). Os sinais de Deus em favor do povo hebreu são retomados nos sete sinais realizados por Jesus, que esquematizam todo o evangelho de João. A Páscoa judaica é reinterpretada na simbologia do cordeiro pascal (Jo 1,29); o maná, alimento do povo na caminhada pelo deserto, é retomado por Jesus, o pão da vida (Jo 6,22-59); a água da rocha, que no deserto saciou a sede do povo, retorna em Jesus, fonte de Água Viva (Jo 3,5; 4,14; 7,37); a serpente de bronze, levantada no deserto, é reinterpretada em Jesus, levantado na cruz, e salvação para todos os que nele crêem (Jo 3,14-15); o domínio de Moisés sobre o mar Vermelho é atualizado em Jesus, que caminha sobre as águas (Jo 6,16-21).

Novo mediador em Hebreus

Hebreus apresenta uma longa meditação sobre o êxodo, estabelecendo um paralelo entre Moisés e Jesus (Hb 3,1–5,10). Em continuidade à mediação de Moisés, Cristo é apresentado como o novo mediador, tanto em relação a Deus quanto à humanidade. Na relação com Deus, Cristo é digno de fé (Hb 2,17; 3,2), da mesma forma como Moisés foi declarado "digno de fé" por Deus mesmo (Nm 12,7). Na relação com a humanidade, Jesus é um sacerdote misericordioso. Embora glorificado junto a Deus, ele não se afastou da humanidade, porque foi solidário no sofrimento e na obediência até a morte (Hb 5,5-10). As duas qualidades de mediação, segundo Hebreus, Cristo as possui em grau muito superior à mediação de Moisés e de Aarão.

Êxodo definitivo em Apocalipse

Todo o Apocalipse, de certa forma, retoma o Êxodo e o projeta de maneira cósmica e perfeita. A narrativa teológica reflete sobre o deserto da crise interna das comunidades cristãs, sobre as perseguições externas e sobre a opressão dos novos faraós, a besta, a prostituta, o dragão (Ap 12,1–13,18).

No livro do Apocalipse, o canto da esperança cristã faz eco ao cântico de Moisés e Maria, cantados na vitória contra o faraó e os egípcios (Ex 15,1-21), nesse momento entoado pelos que venceram a besta:

> Grandes e maravilhosas são as tuas obras, ó Senhor Deus, todo poderoso; teus caminhos são justos e verdadeiros, ó Rei das nações. Quem não temeria, ó Senhor, e não glorificaria o teu nome? Sim! Só tu és Santo! Todas as nações virão prostrar-se diante de ti, pois as tuas justas decisões se tornaram manifestas (Ap 15,3-4).

11
Êxodo e teologia da libertação

O estudo sobre a teologia do êxodo mostrou como, em torno desse acontecimento, formou-se o povo de Israel. Evento fundante da nação, ele permaneceu como ponto de referência ao longo de toda a história. Tal fato serviu, além disso, como paradigma para lerem-se diversos momentos da história de Israel. Serviu também como chave de leitura para muitos fatos da vida de Jesus. A comunidade cristã não deixou de aplicá-lo a diversas situações de sua vivência. Ao longo da história, há muitas releituras do êxodo. A leitura mais intensa, por certo, ganhou corpo na análise de acontecimentos mais recentes, de maneira privilegiada na América Latina, feita pela teologia da libertação.

O êxodo na América Latina

Na teologia latino-americana, o êxodo é uma referência obrigatória. Sua releitura pode ser aplicada a inúmeras situações de opressão em que vivem nossos povos. A síntese apresentada a seguir pretende apenas ilustrar a riqueza de tal releitura.

De indígenas, negros e mulheres

A chegada dos primeiros seres humanos à América foi um longo êxodo, perdido na história, há muitos milênios. No Brasil, no início da colonização, diversos movimentos indígenas formavam marchas migratórias, verdadeiros êxodos, em busca da "terra sem males"; expressão que caracteriza um mundo novo, diferente, paradisíaco. No mesmo âmbito do sofrimento indígena, nos tempos coloniais, diversos missionários, em distintos lugares, interpretaram-no em paralelo com o clamor dos hebreus, no Egito. O líder revolucionário indígena do Peru, Tupac Amaru, desponta como Moisés, ao libertar seus índios da servidão colonial.

A semelhança entre a situação dos escravos africanos, no Brasil, e a dos hebreus, no Egito, não passou despercebida. Duas instituições se erigiram como espaços de libertação: os quilombos e os terreiros. Nos quilombos, eram acolhidas as pessoas que se evadiam do sistema escravista. Nos terreiros, manifestavam sua livre expressão cultural.

Tanto no mundo indígena quanto na cultura africana, as mulheres foram articuladoras de libertação. A resistência da mulher negra, figura aglutinante da família, pode ser notada em contos e cantigas de ninar, na arte culinária, nas vestes, danças, penteados, na medicina natural, na educação de crianças e em manifestações religiosas, em que, até mesmo, preside o culto, como no caso das mães-de-santo. A resistência da mulher índia transparece no protesto mediante o aborto, no uso de drogas medicinais para enfermidades tropicais, na prática do banho diário, ensinado aos europeus, e nos ritos tribais de hospitalidade.

De comunidades

A valorização do êxodo acontece, sobretudo, em ambiente popular, junto às comunidades pobres. Em meados do século XX, diversos movimentos populares se apropriaram do êxodo e criaram uma forma de teologia da revolução. No Nordeste brasileiro, foram criadas as ligas camponesas, que se alastraram pelo Brasil inteiro; elas protestavam contra o latifúndio, difundiam a Bíblia e promoviam a convivência dos pobres. Paralelo ao movimento anterior, surgiu, também no Nordeste brasileiro, o movimento Animação dos Cristãos no meio Rural, que teve sua expressão no jornal "Grito no Nordeste". Na mesma época, o México viveu movimento semelhante de libertação inspirada no êxodo. No Paraguai, nessa mesma esteira de inspiração, surgiram as históricas ligas agrárias, para articular os camponeses em torno da leitura da Bíblia e da organização popular.

Tudo isso coincidiu com o surgimento das Comunidades Eclesiais de Base (CEBs). Nessas Comunidades, procura-se viver a mensagem cristã de maneira mais autêntica, familiar e comprometida. Proclama-se que a fé possui, necessariamente, engajamento político e social, e que a luta pela justiça constitui o núcleo da mensagem evangélica.

História da teologia da libertação

A teologia da libertação pode ser reconhecida como filha da teologia da revolução. Muitos outros fatores, porém, partilham dessa paternidade. O grande impulso vital foi a vontade de viver o cristianismo de maneira autêntica e radical. Contar essa história não é fácil. A seguir, destacam-se marcos para a periodização sistemática de algumas décadas.

Surgimento na década de 1960

O terreno estava preparado e a semente já fora lançada. Entre o triunfo da revolução cubana e o protesto das organizações populares, despertou-se a consciência de injustiça e dependência, unida ao desejo de mudanças estruturais no Continente. Em ambiente eclesial, em meio à conferência católica de Medellín e à organização Igreja e Sociedade na América Latina (ISAL) protestante, surgiu a necessidade de libertar-se da violência institucional como situação de pecado estrutural.

Sistematização na década de 1970

Esses foram anos de chumbo, com golpes militares e regimes de Segurança Nacional. Nas Igrejas, foi tempo de exílio para muitas pessoas que lutavam pela justiça. Não faltaram perseguições, expulsões e mortes.

O peruano Gustavo Gutiérrez é reconhecido como pai da teologia da libertação, com seu livro "Teologia da libertação. Perspectivas", lançado em 1971. No mesmo ano, o brasileiro Hugo Assmann publica "Opressão-Libertação: desafio aos cristãos", em que acentua o primado da práxis da libertação. Em 1972, houve um encontro de teólogos da libertação em Escorial, na Espanha, no qual tal teologia foi apresentada ao mundo europeu. Outros encontros seguiram-se: no México, em 1975, para discussão sobre o método; em Detroit, no mesmo ano, para reforçar o compromisso com os pobres; e em Dar es Salaam, em 1976, para fundação da Associação Ecumênica de Teólogos do Terceiro Mundo. A conferência episcopal de Puebla, de 1979, ensaia um passo adiante, com relação a Medellín, ao declarar sua "evangélica opção preferencial pelos pobres".

Dois eixos teológicos são aprofundados nessa fase: o paradigma do êxodo como chave hermenêutica e a cristologia a partir da América Latina. Sobre o êxodo, refletiu José Luis Caravias, no Paraguai, Pablo Richard e Estevan Torres, na América Central. Sobre Jesus Cristo, aprofundaram-se o brasileiro Leonardo Boff e o espanhol radicado em El Salvador Jon Sobrino. Ambas as cristologias são caracterizadas por uma leitura ascendente, isto é, de baixo para cima, com base na realidade histórica de Jesus.

Outros temas desenvolvidos nessa fase foram: os marginalizados como interlocutores; a Bíblia relida na ótica dos pobres; a caminhada da Igreja a partir do reverso da história; a força histórica dos pobres e da justiça; a práxis histórica de Jesus Cristo; uma espiritualidade e método teológico enraizados na prática libertadora de Jesus; e uma eclesiologia militante.

Consolidação na década de 1980

Essa foi a década de euforia da revolução sandinista, na Nicarágua, que passou a ser uma espécie de referência teológica para muitas pessoas. Ao interno da Igreja Católica, nesses anos, foram movidos processos para silenciar Leonardo Boff e Gustavo Gutiérrez. Além disso, a Congregação para a Doutrina da Fé lançou dois documentos sobre a teologia da libertação, tentando mostrar a tomada de posição do magistério romano a respeito. O primeiro documento "Instrução sobre alguns aspectos da Teologia da Libertação", de 1984, é mais crítico, e o segundo, "Instrução sobre a liberdade cristã e a libertação", de 1986, mais conciliador. No mesmo ano de 1986, o Papa dirige uma carta aos bispos do Brasil, na qual afirma: "A Teologia da libertação não só é conveniente, mas útil e necessária". Logo se iniciou a coleção "Teologia e libertação", planejada com 52 volumes — diversos deles publicados —, para apresentar uma revisão de todos os tratados teológicos à luz da libertação.

Os temas teológicos realçados são: visão e discernimento pastoral da realidade, missão evangelizadora e libertadora da Igreja, reestruturação da Igreja e da sociedade na perspectiva libertadora, evangelização libertadora e opção pelos pobres.

Revisão na década de 1990

A teologia da libertação sofreu abalos, indiretamente, pela derrota do sandinismo na Nicarágua e pela queda do socialismo no Leste Europeu, além do crescente movimento conservador no interno da Igreja. A nova conjuntura provocou uma revisão do uso do referencial teórico-marxista, em favor de uma maior aplicação da antropologia social, da sociologia das instituições, de métodos quantitativos, entre outros.

Para além do eixo econômico de análise das classes sociais, surgem novos paradigmas, como o de etnia, que permite melhor visualizar a opressão de indígenas e negros, o de gênero, para superar a opressão das mulheres, o de geração, para valorizar crianças e idosos, sem contar a questão ecológica, os direitos humanos, os poderes político e eclesial.

Novos sujeitos teológicos

A teologia da libertação teve sempre, como frente de batalha, a opção pelos pobres. Mas foi percebendo, ao longo da reflexão, que nem sempre essa categoria de análise econômica era suficiente para caracterizar os diversos tipos de pobres. Há situações de marginalização que não passam pela pobreza material, mas sim pela discriminação étnica, sexual, de idade, e por diversos outros fatores. Essa percepção permitiu desenvolver a teologia com base em novos sujeitos teológicos.

Ao mesmo tempo, a Bíblia passou a ser valorizada como segundo livro. Significa que o mais importante é a vida, ou seja, a realidade que se vive. Ao lado da Escritura, e mesmo antes dela, deve-se interpretar os valores e tradições dos diversos povos. A Bíblia não esgota a Palavra de Deus. Ele fala por meio da criação, da história, da cultura e de outros meios.

Indígenas

A partir da década de 1990, começaram a aparecer congressos e publicações sobre teologia índia. No esforço por superar a secular discriminação, sublinham-se valores da tradição indígena. O êxodo é referencial em muitas dessas reflexões, e a relação entre Bíblia cristã e textos sagrados indígenas realça o valor da Palavra. A valorização da vida passa pelo respeito ecológico à natureza.

Negros

Ao lado dos movimentos teológicos de libertação indígenas, trabalham também movimentos de negritude. Resgatam-se aí valores profundos da tradição africana, tais como solidariedade, respeito aos antepassados, mística da vida. O paradigma do êxodo constitui-se como referencial valioso.

Mulheres

A tarefa de superação do androcentrismo é gigantesca. Para tanto, há um despertar constante de teólogas que sistematizam os clamores dos corpos oprimidos por todo o Continente. Insiste-se em novas formas de relacionar-se, com respeito e igualdade. O paradigma de gênero propõe rever as relações entre homens e mulheres, mas também entre homens e homens e entre mulheres e mulheres.

Muitos outros sujeitos

A teologia da libertação desencadeia o processo de releitura da realidade e da Bíblia em muitos outros grupos sociais. Ao aplicar o paradigma de geração, suscita-se um esforço por valorizar a ótica das crianças, "porque delas é o Reino de Deus" (Mc 10,14), por um lado, e, por outro, a dos idosos, porque "com eles está a sabedoria" (Jó 12,12). Com outra visão étnica, valorizam-se as pessoas estrangeiras, lembrando o êxodo, "porque fostes estrangeiros no Egito" (Dt 24,18). Não falta referência à libertação dos portadores de deficiências, inspirados na ordem de Jesus: "toma teu leito e anda" (Mc 2,9). E há também grupos homossexuais e de opções alternativas, pela "amizade mais cara que o amor das mulheres" (2Sm 1,26). Para os sem-terra, o êxodo é uma referência evidente, pois "a terra é dom de Deus" (Lv 25,23). A luta ecológica, naturalmente, procura resgatar a "natureza que geme em dores de parto" (Rm 8,22).

O método da teologia da libertação

A teologia da libertação parte da análise da realidade. Nasce da contemplação da gente pobre, sofrida e marginalizada no contexto da América Latina. Compara-a aos hebreus no Egito, bem como a outras situações de opressão descritas na Bíblia e na história. Com base nesse lugar social de pobreza, a teologia se propõe a repensar suas posições.

Trata-se de uma reflexão teológica que nasce da prática. A teologia, portanto, é vista como ato segundo, quer dizer, no primeiro momento se contempla e analisa a realidade, e no segundo reflete-se sobre essa mesma realidade. Por isso, tal teologia já foi caracterizada como "teologia popular", como "teologia pé-no-chão" e como "teologia da enxada".

Na prática, trabalha com o método "ver, julgar e agir". Seguindo esses passos, no ver se faz a observação e análise da situação. Em seguida, ao julgar a realidade, brota o grito de indignação, por ela não estar de acordo com o projeto querido por Deus. E no terceiro passo, o agir, parte-se para uma prática transformadora da mesma realidade.

Em seu método, portanto, a teologia da libertação procura articular a análise social com a fé. Na análise da sociedade, o instrumental que melhor lhe serviu foi a análise marxista. Mas a fonte inspiradora de todo o processo reside nas palavras e na prática de Jesus Cristo, codificadas nos evangelhos.

Principais eixos da teologia da libertação

A ótica da libertação permite rever toda a teologia com nova luz. Como a nova lente que clareia a visão, ela possibilita ver melhor a realidade e explorar ângulos desconhecidos. Desde a criação até o destino final do mundo, todos os tratados teológicos são revistos à luz dessa teologia. Por razões didáticas, passamos a destacar apenas alguns eixos que norteiam essa leitura libertadora.

O êxodo como paradigma

A teologia da libertação se apropriou de vários elementos do êxodo já apresentados neste estudo: Deus é libertador e toma partido dos oprimidos, contra a opressão faraônica; Ele quer a libertação total de seus filhos, longe da escravidão; entra na luta, até onde for preciso, para ver as pessoas livres; e concede a terra para que nela habitem com liberdade.

A Bíblia como livro dos povos pobres

Não apenas o livro do Êxodo, mas toda a Bíblia é relida na ótica da libertação. Uma nova hermenêutica permite reler os fatos bíblicos com base nos pobres e oprimidos. Paralelo ao êxodo, outro paradigma é o do retorno do exílio ou cativeiro da Babilônia. Foi outra saída que permitiu ao povo bíblico se refazer como nação e se reencontrar com o Deus misericordioso. A voz denunciadora dos profetas ganha força extraordinária na teologia da libertação. Os evangelhos, de maneira privilegiada, constituem fonte de inspiração. Mas não se pode esquecer dos Atos, do Apocalipse e de tantos outros livros da Bíblia hebraica.

Jesus Cristo libertador

Jesus é visto de acordo com sua prática histórica, com a convivência entre as pessoas mais marginalizadas de sua época: pobres, enfermos, pecadores. Ele é o portador do Reino de Deus, uma nova realidade já iniciada em sua vida e cuja realização compete a nós. A salvação trazida por Jesus Cristo acontece nesta história humana, concreta, não apenas no além. A esperança cristã não deve apenas ser aguardada passivamente, mas construída aqui e agora.

O serviço às pessoas pobres como opção cristã

Pensada com base em um Continente pobre, a teologia da libertação considera o serviço às pessoas pobres como essencial na vida de Jesus e da pessoa que aceita sua proposta. A razão profunda está na opção do próprio Deus, que sempre toma a defesa do mais fraco. O objetivo, naturalmente, é libertar as pessoas oprimidas de sua situação, em vista da vivência fraterna. Por isso, a teologia da libertação se caracteriza como uma reflexão que privilegia a prática sobre a teoria.

A salvação como libertação total

A teologia da libertação mantém, como idéia central, que a libertação deve ser total, como foi na Bíblia. Não basta uma libertação espiritual ou pneumática. Para poder servir a Deus, é necessário antes sair da situação opressora do Egito. Deus quer a libertação integral da pessoa, física, material e espiritualmente.

É preciso, antes de tudo, entender a libertação como libertação cristã. Ela supõe libertações históricas, políticas e sociais, mas as supera. Envolve o crescimento pessoal do ser humano, em vista de livrá-lo de suas carências e da comunhão total com outros seres humanos e com Deus. Portanto, o conceito de salvação é inerente ao de libertação.

Conclusão

O êxodo foi acontecimento histórico, memória oral e texto escrito na Bíblia hebraica. Foi fato revivido por Jesus e exemplo para a comunidade cristã primitiva. Fixou-se como eixo de interpretação do Novo Testamento. Impulsionou toda a caminhada da Igreja, embora cinzas de momentos obscuros, por vezes, o encobrissem. Retornou com vigor na teologia da libertação, na América Latina. E não deixou de inspirar sistemas políticos, sociais e econômicos mundiais.

Em torno do êxodo, constituiu-se o povo de Israel. O Cântico de Maria, irmã de Moisés, às margens do mar dos Juncos, representou o seu grito de independência. Tudo permaneceu gravado no bronze da memória. A recordação histórica e a inspiração divina aumentaram a dimensão real dos fatos. Nos momentos de dificuldade, revividos de quando em quando, a opressão do Egito ganhou cores mais vivas. Fez-se processo teológico.

Na libertação, participaram mulheres, como as parteiras Séfora e Fua, a mãe Jocabed e a irmã Miriam, a esposa Séfora, a filha do faraó e as populares egípcias. Colaboraram crianças, como o menino Moisés, salvo das águas. Não faltaram trabalhadores da construção civil, como os construtores de Pitom e Ramsés. Multiplicaram-se, por certo, grupos que migraram da crueza do deserto, ou seminômades em busca de pastagens e água. Contribuíram decisivamente guerrilheiros revoltosos. E havia escravos, portuários e caçadores. Enfim, profetas, poetas e músicos.

Em meio à luta pela libertação, as dez pragas encresparam o processo de violência. Podem ser entendidas pelo olhar de um povo perseguido pela opressão. Na festa da Páscoa, o caminho de libertação se iluminou. Mas a marcha era longa, através da passagem pelo deserto até a conquista definitiva da terra prometida.

O êxodo vai sendo lembrado de diversas formas. Tem repercussões na história. Anima todos os momentos, desde as lutas pela posse da terra prometida até o sonho definitivo de novos céus e nova terra. A volta do exílio é espelhada na saída do Egito. Tudo se torna oração, em forma de Salmos, cânticos e profissões de fé. Profetas retomam a lembrança do êxodo, ora para denunciar, ora para apontar novos rumos. Anualmente, a celebração da Páscoa recorda a libertação histórica e aponta para a salvação definitiva.

Jesus é o novo Moisés, chamado do Egito para a libertação do novo Israel, e sua infância foi emoldurada por fatos que retrataram a mesma situação dos hebreus de outrora. Na transfiguração, os discípulos conversaram sobre o êxodo de Jesus, e na multiplicação dos pães ele mesmo refez o milagre do maná. Sua paixão e morte são descritas sobre o mesmo modelo do cordeiro pascal imolado.

A Igreja cristã nasce como novo Israel, passa pelas águas do batismo e alimenta-se do maná eucarístico. Jesus, solidário com os seres humanos, estabelece a mediação com Deus, como Moisés, porém mais digno de fé. No Apocalipse, sonho da nova e definitiva humanidade, os santos são convidados a entoar o canto novo da libertação.

Na América Latina, o êxodo tornou-se necessário. O paralelo entre a miséria dos povos do Continente e a dos hebreus no Egito é inevitável. A leitura da Bíblia acendeu a pólvora da libertação. Esse fogo não pode se apagar!

Bibliografia

CROATTO, José Severino. Êxodo, uma hermenêutica da liberdade. São Paulo, Paulus, 1981.

GALLAZZI, Sandro. A mão do Senhor contra o Egito. In: *Estudos bíblicos* n. 6, Petrópolis, Vozes, pp. 11-20, 1985.

GORGULHO, Gilberto & ANDERSON, Ana Flora. A mulher na memória do Êxodo. In: *Estudos bíblicos* n. 16, Petrópolis, Vozes, pp. 38-51, 1988.

LIBANIO, João Batista. Panorama da teologia da América Latina nos últimos 20 anos. In: *Perspectiva teológica* n. 62, Belo Horizonte, v. 24, pp. 147-192, 1992.

MESTERS, Carlos. *Um projeto de Deus*. São Paulo, Paulus, 1983.

PISLEY, George V. *Êxodo*. São Paulo, Paulus, 1987.

RAVASI, G. *Êxodo*. São Paulo, Paulus, 1985.

SAMPAIO, Tânia Mara Vieira. Um êxodo entre muitos outros. In: *Revista de interpretação bíblica latino-americana* n. 23, Petrópolis, pp. 79-91, 1996.

GALILEA, Segundo. *Teologia da Libertação*: ensaio de síntese. São Paulo, Paulus, 1978.

STORNIOLO, Ivo. A história de José do Egito (ou a ideologia do reino de Salomão). In: *Vida Pastoral* n. 187, São Paulo, v. 37, pp. 2-6, 1996.

VV.AA. A memória popular do Êxodo. In: *Estudos bíblicos* n. 16, Petrópolis, 1988.

Sumário

APRESENTAÇÃO 5

INTRODUÇÃO 9

1. O QUE HÁ POR TRÁS DA HISTÓRIA DE JOSÉ DO EGITO 13
Crítica à política agrária 13
Crítica ao sistema tributário.................................14
O Egito no século XIII a.E.C.... 16
O faraó Ramsés II 16
A invasão dos hicsos e dos filisteus 17
As cidades-Estados..18
Os revoltosos hapiru 19
Israel no Egito 20

2. O ÊXODO COMO EVENTO HISTÓRICO 23
Sistema tribal 23
A passagem do mar 24
Muitas experiências de libertação 25
O grupo de Moisés 26
O grupo do Sinai 27
O grupo abraâmico 27
O grupo hapiru 28
Outros grupos 28

3. SITUAÇÃO DOS HEBREUS NO EGITO 31

Eis os nomes 31

E tornavam-lhes amarga a vida 32

Uma revolta de mulheres 34

Por que matar meninos? 34

Mas como se articulam essas mulheres! 35

Ser mulher na época dos faraós 37

**4. UM DEUS QUE OUVE O CLAMOR
DOS MARGINALIZADOS** 39

Um grito a três vozes.. 39

A voz Sacerdotal 40

A voz Javista 40

A voz Eloísta 41

Um líder tenta fugir.. 41

A sarça ardente 42

As objeções de Moisés 42

Tentativas para libertar o povo............................... 44

**5. UM DEUS REALIZA SINAIS E PRODÍGIOS
EM FAVOR DO POVO** 47

Multiplicarei os meus sinais e os meus prodígios 47

Quadro geral 48

Diferentes tradições 49

Diferentes coleções 49

6. O PODER DE DEUS SOBRE A CRIAÇÃO 55

Permissão, fuga ou expulsão?................................ 55

Fenômenos naturais ou sobrenaturais? 56

A opção preferencial de Deus................................. 59

Deus endurecia o coração do faraó 59

Deus não quer a salvação dos egípcios? 60

Cuidado com o poder e a violência! 61

O poder não se converte 62

A morte como último recurso 62

7. O PASSADO ILUMINA O FUTURO 65

O vigor dos símbolos 65

Na força dos símbolos 65

No espelho da realidade 66

É uma Páscoa para o Senhor 67

Páscoa, festa de pastores 67

Ázimos, festa de camponeses 69

Resgate dos primogênitos 70

Enfim, a saída do Egito 70

Êxodo na tradição Javista 71

Êxodo na tradição Eloísta 72

Êxodo na tradição Sacerdotal 73

O canto de vitória 73

8. ÊXODO E SINAI 75

O Deus do êxodo 76

O nome de Deus é YHWH 77

O Senhor revela seu nome 78

O culto ao Senhor 80

9. RELEITURA DO ÊXODO
NO PRIMEIRO TESTAMENTO 81

Nos credos históricos da tradição Deuteronomista 81

Na festa das primícias 82

Na catequese familiar 83

Na assembléia popular 84

Nos profetas 85

Ameaça em Amós 85

Saudade em Jeremias 87

Renovação em Isaías 87

Nos Salmos 88

Oração de louvor no Salmo 78 89

Na tradição Sapiencial 90

Critério de discernimento na Sabedoria 90

10. RELEITURA DO ÊXODO
NO SEGUNDO TESTAMENTO 93

Na comunidade paulina de Corinto 93

Nos evangelhos..94

Jesus é o novo Moisés em Mateus 94

Novo êxodo em João 95

Novo mediador em Hebreus 96

Êxodo definitivo em Apocalipse 96

11. ÊXODO E TEOLOGIA
DA LIBERTAÇÃO 99

O êxodo na América Latina...99

De indígenas, negros e mulheres 99

De comunidades 100

História da teologia da libertação.................................101

Surgimento na década de 1960 101

Sistematização na década de 1970 102

Consolidação na década de 1980 103

Revisão na década de 1990 104

Novos sujeitos teológicos..104

Indígenas 105

Negros 105

Mulheres 105

Muitos outros sujeitos 105

O método da teologia da libertação..............................106

Principais eixos da teologia da libertação 107

O êxodo como paradigma 107

A Bíblia como livro dos povos pobres 107

Jesus Cristo libertador 108

O serviço às pessoas pobres como opção cristã 108

A salvação como libertação total 108

CONCLUSÃO 111

BIBLIOGRAFIA 113

Rua Dona Inácia Uchoa, 62
04110-020 – São Paulo – SP (Brasil)
Tel.: (11) 2125-3500
http://www.paulinas.com.br – editora@paulinas.com.br
Telemarketing e SAC: 0800-7010081